No part of this book may be reproduced in any form or by any electronic or mechanical means, including information storage and retrieval systems, without written permission from the author.

This Computer & ICT Activity Book

belongs to

Name: _____

Class: _____

School: _____

COMPUTER HARDWARE

Word Search Puzzle for Computer Hardware

```
E Z E U Y G Z D L G V Q A B Q
A D B V D J R T C V R E E T R
C Y Z S I A M O N I T O R A W
U O G M O R V C F C C W M B A
V B M B O T D J R P H M E J M
V S Y P D T P L Q B E K C S R
L E R U U C H F A M U B M J E
K D C T T T D E O C L K C O W
X R T G K P E R R T I F X N E
I R F B O M Y R N B M T B I S
B X I M M C J L F B O D P W U
F M C Z S P D E O A I A O O O
Y S P H L U C H X T N I R M M
E V I R D K S I D D R A H D W
P O W E R S U P P L Y K T Z Q
```

ComputerFan	CPU	HardDiskDrive
Keyboard	Monitor	Motherboard
Mouse	OpticalDrive	PowerSupply
RAMMemory		

Find the word in the puzzle.
Words can go in any direction.
Words can share letters as they cross over each other.

Criss Cross Puzzle for Computer Hardware

ACROSS

4. I provide cooling to the computer
6. Always busy processing information
7. Everyone is connected to me
8. Entering every Word with a letter at a time
9. I store all information for long.
10. Just for the show of information

DOWN

1. I provide energy to the computer
2. Just for the Click
3. Accept only the Compact Disk as input device
5. Store information for a moment

Words can go across or down.
Letters are shared when the words intersect.

Double Puzzles for Computer Hardware

UOEMS — ☐☐☐☐ (5)

ABYDEORK — ☐☐☐☐☐☐☐ (8)

MOONRIT — ☐☐☐☐☐☐☐ (6, 15)

ORAMHROETDB — ☐☐☐☐☐☐☐☐☐☐ (9)

PUC — ☐☐☐ (4)

YORMMRAEM — ☐☐☐ ☐☐☐☐☐☐ (7)

ERHIASDKVDDIR — ☐☐☐☐ ☐☐☐☐ ☐☐☐☐☐ (10, 12, 16)

CPALEROITVDI — ☐☐☐☐☐ ☐☐☐☐☐☐ (1, 11)

YSOPPPUEWLR — ☐☐☐☐☐ ☐☐☐☐☐☐ (2, 13)

AOFUTNEMRCP — ☐☐☐☐☐☐☐ ☐☐☐☐ (3, 14)

☐☐☐☐☐☐☐☐ ☐☐☐☐☐☐☐☐
1 2 3 4 5 6 7 8   9 10 11 12 13 14 15 16

Fallen Phrases for Computer Hardware

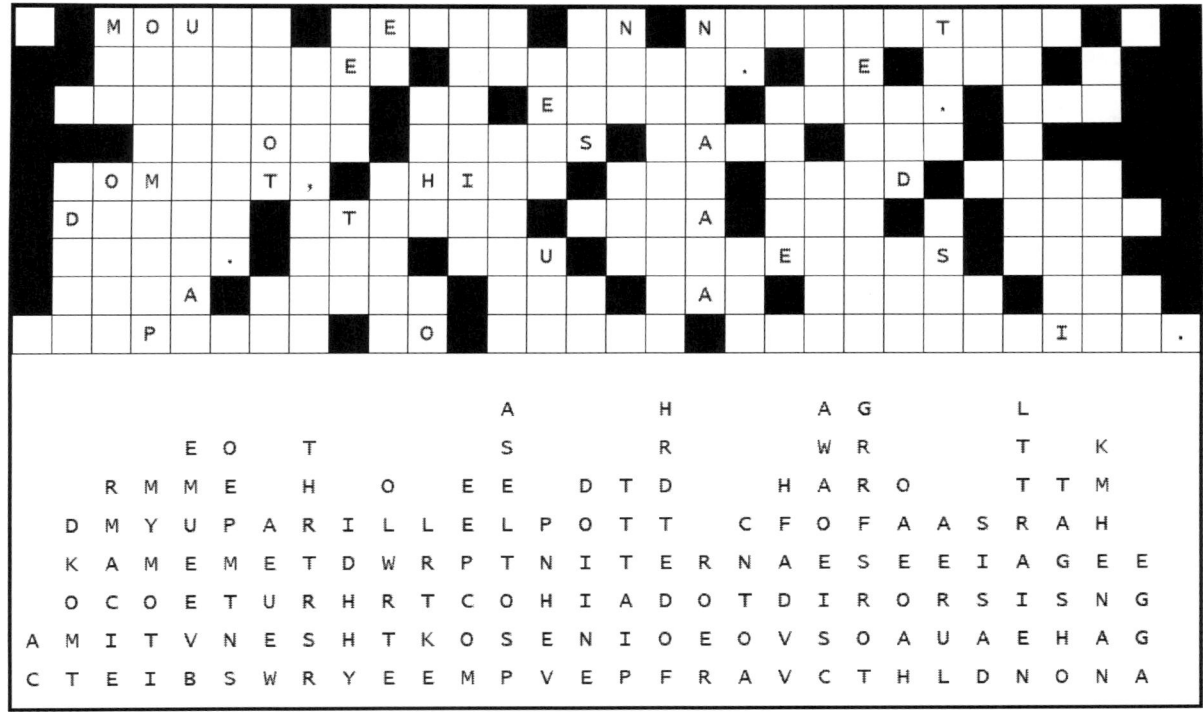

The letters from each cell are below the puzzle.
Try to rebuild the original message by choosing the letters for each cell.

Letter Tiles for Computer Hardware

.	T	t o		m o	D r	i	a r d	r y ,		R A	d e s
a l		e c t	n d		d i r	t h e	H a r		C o	m	v e ,
e m o	M		M	a r d	i v e	s		c d	D	D r	t	c
p p l		u t e		t h	,	a	F a n	t i c		r	h	l y
p u t		i s k		P o		S u		i n e d		c l u	t h e
y ,		o p	.		o n n	M o s	e		C	e	i	r b o
w a r		h i s		o m p		w e r	e c t	P U	,	e r	

- Unscramble the tiles to reveal a message.
- Each tile is used only once.
- Use spacing, punctuation and common words to find adjacent tiles.
- Some words may be split into two lines.

Cryptograms for Computer Hardware

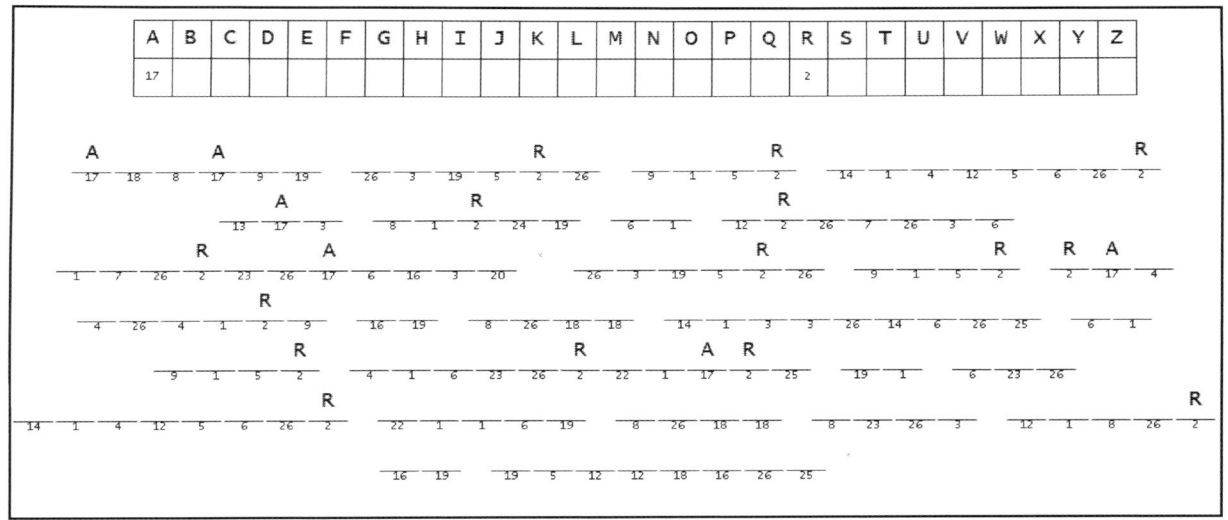

- Each letter in the phrase has been replaced with a random letter or number.
- Try to decode the message.

Hidden Message Puzzle for Computer Hardware

K	P	A	R	T	O	F	C	O	M	P	U	T	E	R
R	E	N	A	F	K	S	T	N	J	P	J	N	C	M
D	H	Y	B	Z	X	P	E	F	C	I	N	R	O	K
E	R	S	B	H	O	E	S	S	F	J	R	T	M	G
P	N	A	L	O	M	V	U	V	T	B	H	C	P	U
P	Y	A	M	T	A	K	O	T	X	E	B	C	U	B
P	R	N	E	M	X	R	M	E	R	J	T	V	T	Q
H	F	W	N	S	E	E	D	B	Z	L	H	H	E	Z
C	C	V	I	E	X	M	O	D	R	A	H	B	R	G
I	M	Z	V	W	J	A	O	W	Z	P	N	L	G	J
H	N	I	C	T	R	C	H	R	Q	T	L	A	V	R
E	R	G	F	D	M	S	V	L	Y	O	W	J	L	F
D	P	V	V	R	O	T	I	N	O	M	J	M	O	K
O	P	T	I	C	A	L	D	R	I	V	E	V	M	Q
Z	V	Y	L	P	P	U	S	R	E	W	O	P	K	V

Computer	CPU	Drive
Fan	Hard	Keyboard
Monitor	Motherboard	Mouse
OpticalDrive	PowerSupply	RAMMemory

- This puzzle is a word search puzzle that has a hidden message in it.
- First find all the words in the list.
- Words can go in any direction and share letters as well as cross over each other.
- Once you find all the words. Copy the unused letters starting in the top left corner into the blanks to reveal the hidden message.

Draw your favorite Computer Hardware here

Memory Game
Color each of this Computer hardware

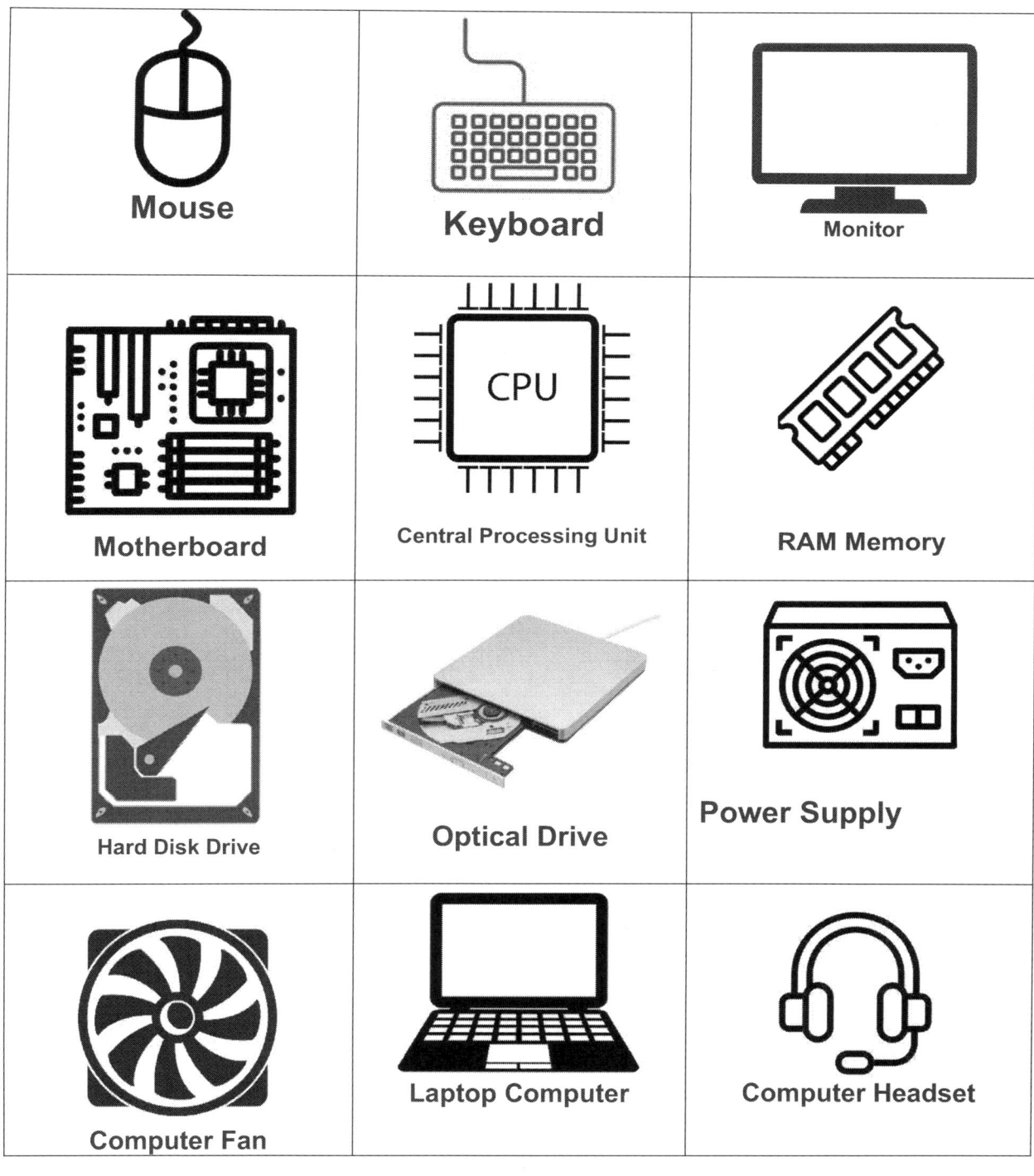

COMPUTER SOFTWARE

Word Search for Computer Software

```
N O I T A C I L P P A E L W M
K R M B J R Y K O F O R G F L
V H X E E T C J B G Q A T D U
N D K V I M S K L U M W E P L
F R I L W O E Z F B R E R Y P
L R I O U P D T E Z J L A Y T
D T E R A E P Y S A S D W V K
U U C E T N B W V Y O D E V O
R E R E W V G U M Z S I R F N
P R O G R A M M I N G M A S D
Y R A T E I R P O R P T H K L
Z C K C R F H E Z D F R S X I
A E E B M Y Y J V W L P H M D
J O A O B F B P E U L Q C V O
O E R Q F Q S F W Q Q X W T X
```

Application	Driver	Freeware
Middleware	Open	Programming
Proprietary	Shareware	source
System	Utility	

Find the word in the puzzle.
Words can go in any direction.
Words can share letters as they cross over each other.

Criss-Cross for Computer Software

ACROSS
3. help computer to recognize other devices
5. I am not free and require licensing
7. helps distribute source code publicly
9. helps developers design new applications
10. helps to analyze, configure, optimize and keep your computer safe.

DOWN
1. enable easy communication between applications.
2. can be used for free but only up to a certain time limit.
4. help run computer hardware and applications
6. designed to carry out a specific task.
8. I am free to use and free to download

Words can go across or down.
Letters are shared when the words intersect.

Double Puzzles for Computer Software

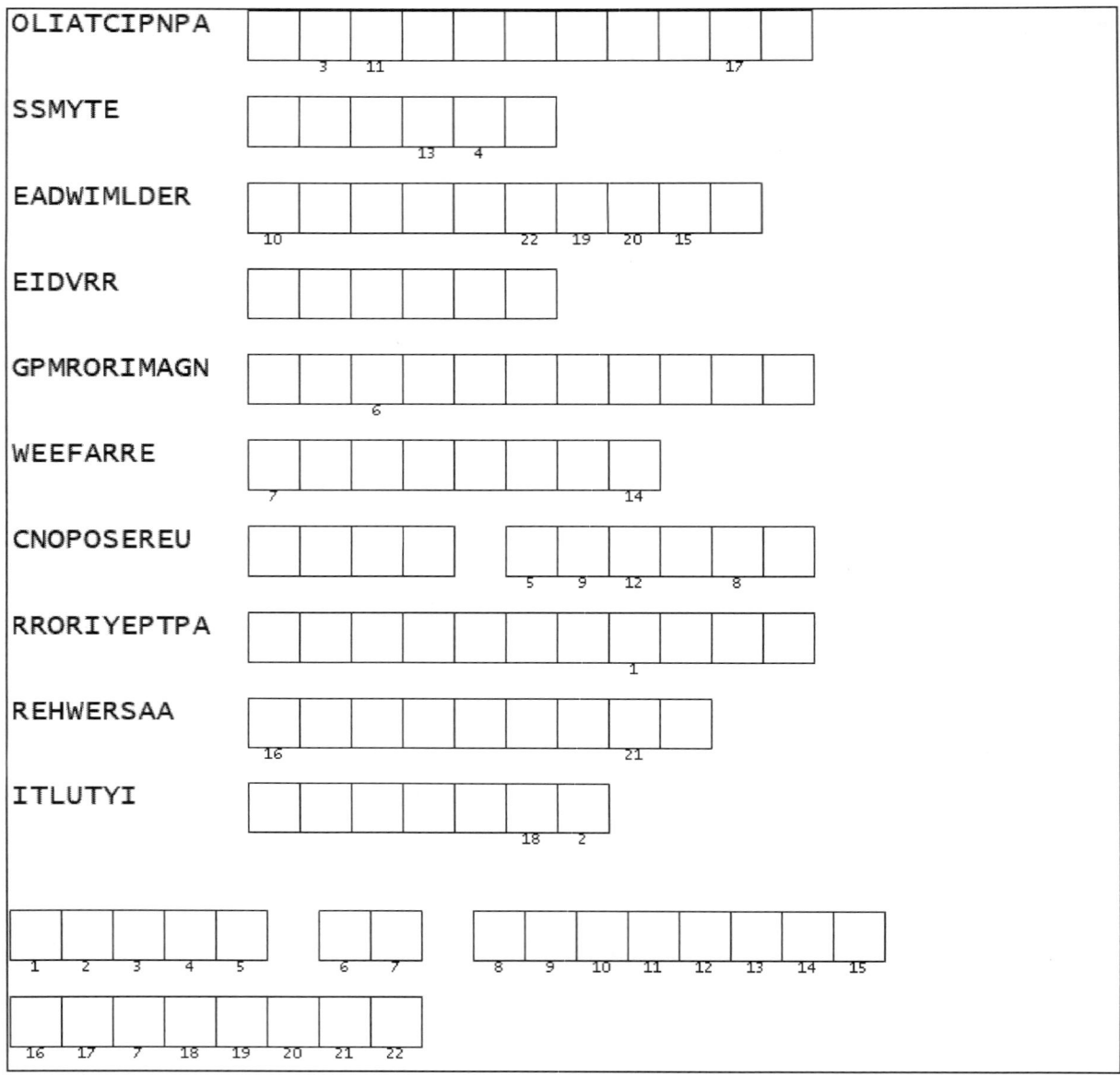

Fallen Phrase Puzzle for Computer Software

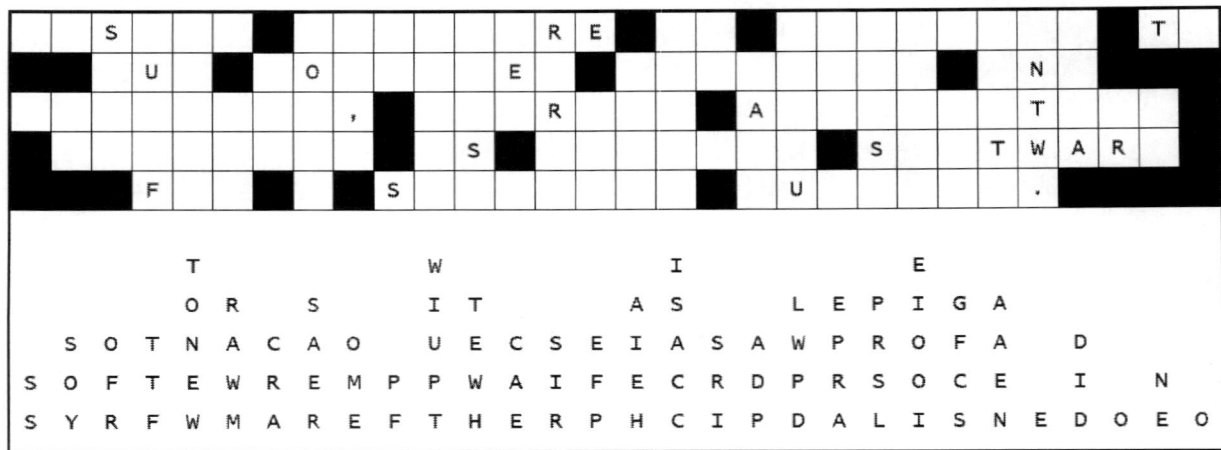

Instruction:
- Try to rebuild the message.
- The letters from each cell are below the puzzle.
- Try to rebuild the original message by choosing the letters for each cell.

Letter Tiles for Computer Software

n u x	,	A	h r o	m p l	s o	U b u	m e o	o i d
f t w	t e m	M a c	s ,	E x a	e s	d o w	o f	
d e	s	a c l u	n d	n t u	S y s	a r e	L i	
o s ,	,	c	n d r	w i n	i n			

- Unscramble the tiles to reveal a message.
- Each tile is used only once.
- Use spacing, punctuation and common words to find adjacent tiles.
- Some words may be split into two lines.

Cryptogram for Computer Software

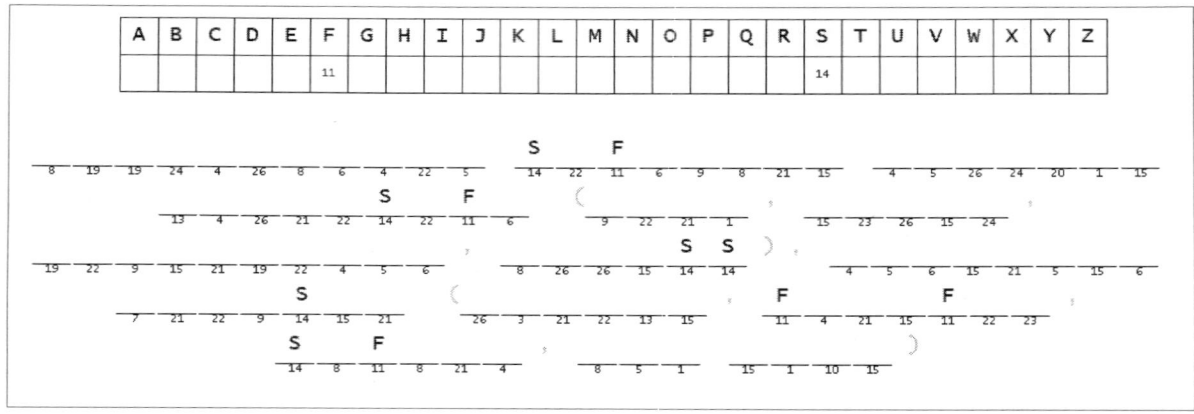

- Decode the message.
- Each letter in the phrase has been replaced with a random letter or number.
- Try to decode the message.

Hidden Message for Computer Software

```
N A P P L I C A T I O N S G O
O F T W A R E C G M M N N G V
I N F X N I P R W M O I P X S
T B H W X Z A E L I S F T R S
A V B U G P F B T S H J E F E
C T E E H S D A E R P S E G S
I L Z I J D L C U O W B E P A
N C C H G U O F I O D Y S D B
U S F C M R R T R B L K S K A
M G Q I P W Y B O N C L L J T
M T S D O X B U W A P S G F A
O I R N U E E T B Z B G B G D
C O W V W A I D E M I T L U M
W F B J S X Y X M W E K Q K D
B V R H E T V H F O E C A R D
```

Communication	Databases	Graphics
Multimedia	Simulation	Spreadsheet
WebBrowsers	WordProcessing	

___ ___ ___ ___ ___ ___ ___ ___ ___ ___ ___ ___ ___ ___ ___ ___ ___ ___ ___ ___

Instructions:
- This puzzle is a word search puzzle that has a hidden message in it.
- First find all the words in the list.
- Words can go in any direction and share letters as well as cross over each other.
- Once you find all the words. Copy the unused letters starting in the top left corner into the blanks to reveal the hidden message.

INTERNET SEARCH ENGINES

Word Search Puzzle for Internet Search Engine

```
B F W T Z I D M Y A O K W Y B
C I R X J O E J F E C C M I M
Q F N H Z G O O G L E Y W F F
P O V G S O C M V Q W A Y W H
E W A Y F F M S I V W H C I M
Z A T K R N O J U N S O E Y J
H A R C H I V E R F F O L C X
K X C U X U M N R V T O P X G
T B J C F R R I A K A D W J Y
H J G I B M L K I Q I Q O Z R
G K N G M W Q D S S B Y M V E
M Y T M G X D B U A Y I O G U
W H R B S L F T N D H H X F S
R T Z N E O G K C U D K C U D
A T M J T O U T O L J U P P D
```

Aol	Archive	Ask
Bing	DuckDuckGo	Google
info	Kiddle	Yahoo
Zoominfo		

Instructions:
- Find the word in the puzzle.
- Words can go in any direction.
- Words can share letters as they cross over each other.

Criss-Cross for Internet Search Engine

ACROSS
3. the most popular search engine from USA
4. search engine for Kids
5. Yahoo owns

DOWN
1. Microsoft owns
2. Business search engine for company
6. mostly used for questions

Use the clues to fill in the words above.
Words can go across or down.
Letters are shared when the words intersect.

Double Puzzle for Internet Search Engine

LGOGOE — ☐☐☐☐☐☐ (13, 6)

GIBN — ☐☐☐☐ (5)

HAOOY — ☐☐☐☐☐ (11)

IDDLKE — ☐☐☐☐☐☐ (3)

CDCDUUOKKG — ☐☐☐☐☐☐☐☐☐☐ (10)

AKS — ☐☐☐ (7)

OFIN — ☐☐☐☐ (1, 12)

OLA — ☐☐☐ (9)

CERHVAI — ☐☐☐☐☐☐☐ (4, 8)

FNMIZOOO — ☐☐☐☐☐☐☐☐ (14, 2)

☐ T ☐ ☐ ☐ T ☐☐☐☐☐
1 2 3 4 5 6   7 8 9 4 10 11

☐☐☐☐☐☐
6 12 13 14 2 8 7

Fallen Phrase for Internet Search Engine

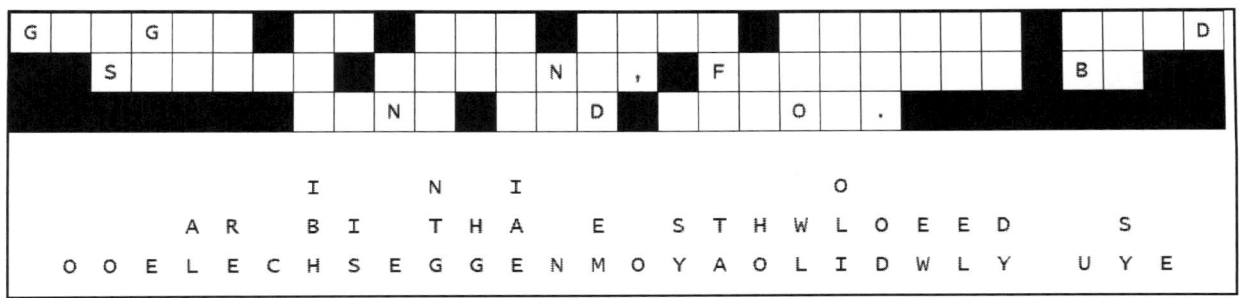

- Try to rebuild the message.
- The letters from each cell are below the puzzle.
- Try to rebuild the original message by choosing the letters for each cell.

Letter Tiles Puzzle for Internet Search Engine

e n g	u a l	K i d	s a f	a r c	e	s	i s	i	c h	
i d s	f o	K i	f o r	d l e	a r	.	K	i s		
l e	e v	h	e	n g	i d s	s e		i s	i n e	
t h	i d d	r	K	n e						

- Unscramble the tiles to reveal a message.
- Each tile is used only once.
- Use spacing, punctuation and common words to find adjacent tiles.
- Some words may be split into two lines.

Cryptogram Puzzle for Internet Search Engine

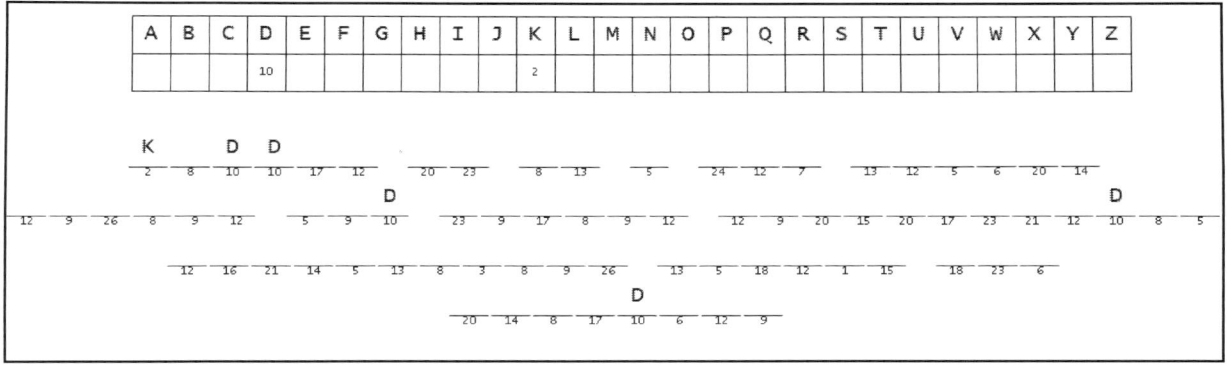

- Decode the message.
- Each letter in the phrase has been replaced with a random letter or number.
- Try to decode the message.

Hidden Message Puzzle for Internet Search Engine

```
O S E A R C H E N G I N E S S
F G K S A H U P C N R I Z J T
I P K U H X R L S L L O C A R
U F X C E E C P F L O O G U Q
W Q P E U V M C P M H A N W R
K X S L D D J Q I Q U S E G V
O I O B Q X K N I B I L N Z R
W O D F D Y F C N G G I K I L
K M H D N O M T U O B U F B E
B V K A L I L Y O D T E H V B
U D H R Y E U G C T G A I U M
R S D H C X P P U E V H C Y P
M W P I H H F H Z S C T Z X I
M H A N R D F A F R I D Z W Q
G J D G N A N M A I D W B C B
```

Aol	Archive	Ask
Bing	DuckDuckGo	Google
info	Kiddle	Yahoo
Zoominfo		

___ ___ ___ ___ ___ ___ ___ ___ ___ ___ ___ ___ ___

- This puzzle is a word search puzzle that has a hidden message in it.
- First find all the words in the list.
- Words can go in any direction and share letters as well as cross over each other.
- Once you find all the words. Copy the unused letters starting in the top left corner into the blanks to reveal the hidden message.

Memory Game for Internet Search Engine

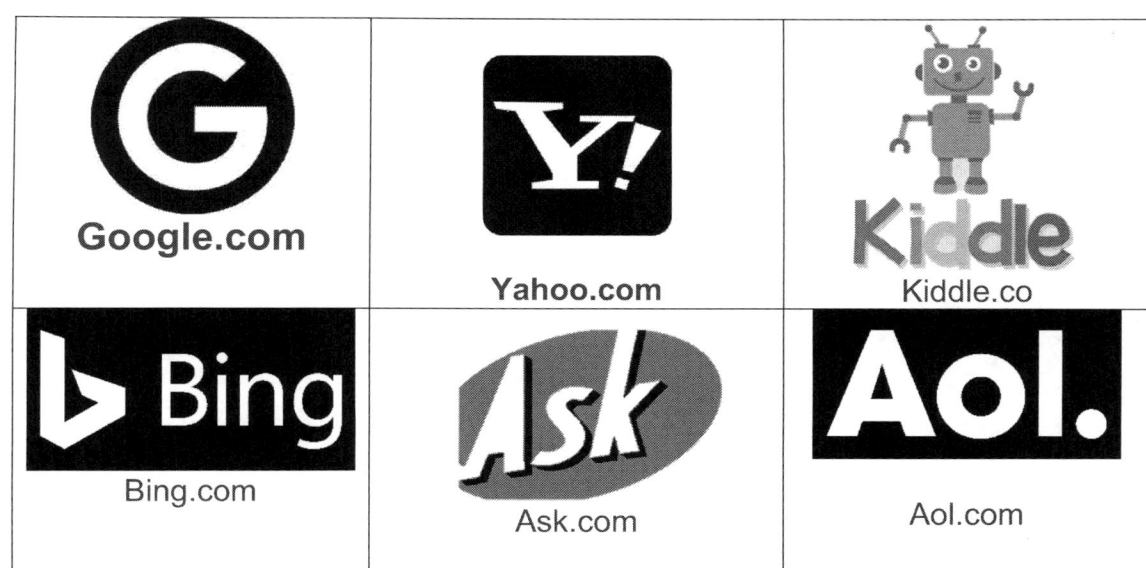

TYPES OF WEBSITES

Word Search Puzzle for types of websites

E	H	F	O	Z	T	E	V	W	F	B	M	L	H	H
L	V	M	D	K	Q	F	Y	T	B	E	Q	A	L	S
V	U	E	M	G	I	I	N	R	M	X	M	N	U	S
H	E	O	N	C	B	T	Z	B	U	E	C	O	E	E
Z	A	C	U	T	G	T	E	L	X	N	N	I	Q	N
D	X	G	R	O	N	R	W	B	Q	P	J	T	I	I
X	R	D	L	E	S	Z	Y	M	Z	E	U	A	W	S
L	Z	B	U	H	M	O	A	N	Q	R	P	M	I	U
B	R	I	I	M	J	M	Z	Z	W	S	A	R	D	B
F	I	P	E	N	B	H	O	C	G	O	K	O	T	N
Z	Y	D	Z	A	S	K	G	C	L	N	N	F	V	H
P	O	R	T	F	O	L	I	O	E	A	W	N	L	X
T	I	F	O	R	P	N	O	N	R	L	S	I	C	M
O	N	L	I	N	E	F	O	R	U	M	G	P	R	Z
L	G	Q	Q	M	X	Q	C	C	U	F	L	F	U	P

Blog	Business	eCommerce
Event	Informational	Membership
Nonprofit	OnlineForum	Personal
Portfolio		

- Find the word in the puzzle.
- Words can go in any direction.
- Words can share letters as they cross over each other.

Criss-Cross puzzle for types of Websites

ACROSS
3. a website dedicated to one person.
6. website for business organization.
8. design to provide detail about a specific topic.
9. website for non-for-profit organization.
10. a landing page for important information.

DOWN
1. content only available to members only.
2. a discussion or informational website
4. where people can hold conversation.
5. a personal website
7. website that sells products and services online

- Use the clues to fill in the words above.
- Words can go across or down.
- Letters are shared when the words intersect.

Double Puzzles for types of websites

CERECOMEM
☐☐☐☐☐☐☐☐
       7

IEUSSNBS
☐☐☐☐☐☐☐
      4

LOBG
☐☐☐☐
 8

OPOILFOTR
☐☐☐☐☐☐☐☐☐
   1

NTEVE
☐☐☐☐☐
   11

ESPOARNL
☐☐☐☐☐☐☐☐
 2 12 9

MPBRMEHEIS
☐☐☐☐☐☐☐☐☐☐
         10

IPRNFONTO
☐☐☐☐☐☐☐☐☐
     6

IAOIROAFNMNLT
☐☐☐☐☐☐☐☐☐☐☐☐☐
           5

NMONFIEUORL
☐☐☐☐☐☐☐☐☐☐☐
       3

☐ Y ☐ ☐ ☐   ☐ ☐   W ☐ ☐ ☐ ☐ ☐ ☐
1 2 3 4   5 6   7 8 9 10 11 12

Fallen Phrases for types of websites

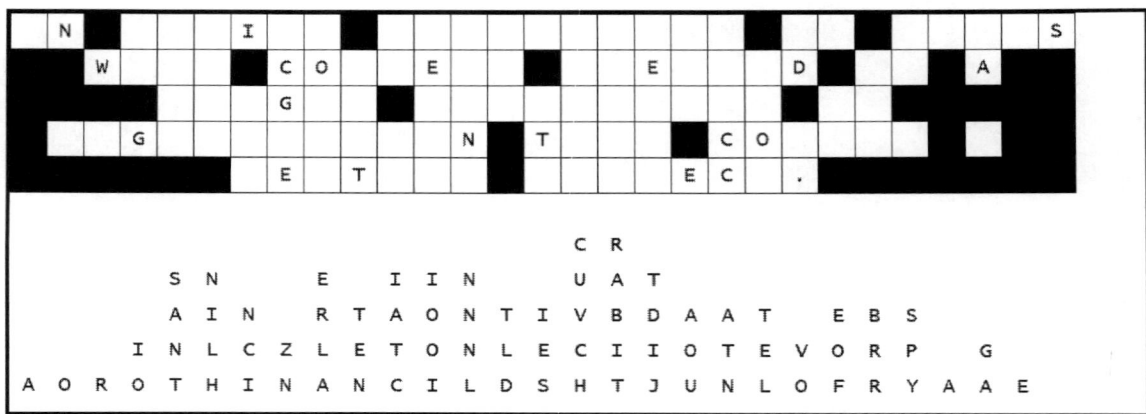

- Try to rebuild the message.
- The letters from each cell are below the puzzle.
- Try to rebuild the original message by choosing the letters for each cell.

Letter Tiles for types of websites

t e	p o s	r e s	i s	l i n	e p	e o	e .
t o	i m a	f a	T h e	b s i	p r	o n	p u r
e n c	c r e	r y	w e	a n	a t e		

1) Unscramble the tiles to reveal a message.
2) Each tile is used only once.
3) Use spacing, punctuation and common words to find adjacent tiles.
4) Some words may be split into two lines.

Solution: The primary purpose of a website is to create an online presence.

Cryptograms for types of websites

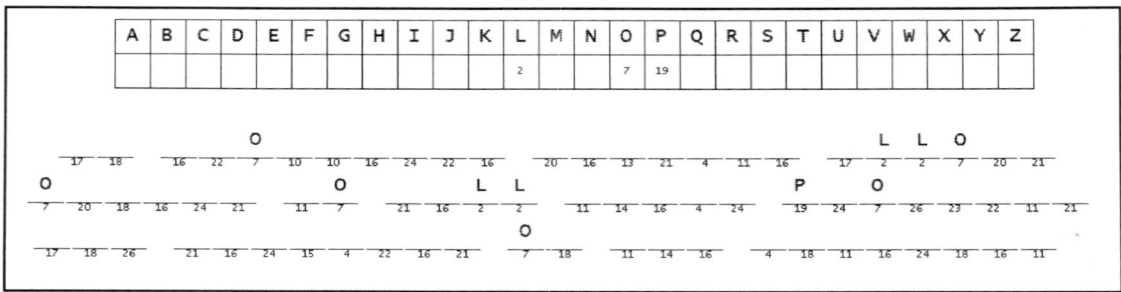

1) Decode the message.
2) Each letter in the phrase has been replaced with a random letter or number.
3) Try to decode the message.

Hidden Message Puzzle for types of websites

T	Y	P	E	S	S	O	F	W	E	M	B	M	S	O
I	T	E	S	B	F	S	M	M	E	T	U	A	Y	I
I	I	Q	L	L	M	G	E	M	Q	R	V	P	A	L
S	V	N	F	E	A	K	B	N	O	Q	U	H	F	O
A	K	R	F	A	C	E	E	F	I	B	L	O	G	F
V	S	H	I	O	R	O	E	Y	C	S	O	J	F	T
Z	N	E	E	S	R	N	M	W	N	V	U	K	X	R
B	Q	T	H	F	I	M	L	M	A	M	Z	B	H	O
B	A	I	C	L	P	K	A	B	E	Y	X	U	E	P
T	P	K	N	R	S	B	N	T	E	R	H	R	Y	V
N	Q	O	U	T	J	N	O	G	I	R	C	F	O	W
E	E	Z	C	F	M	S	S	X	M	O	A	E	D	Q
V	M	O	T	I	F	O	R	P	N	O	N	D	Z	G
E	W	G	F	C	A	E	E	N	U	B	S	A	G	L
Y	P	Q	Y	F	O	Z	P	F	I	G	G	W	L	J

Blog	Business	eCommerce
Event	Informational	Membership
Nonprofit	OnlineForum	Personal
Portfolio		

_ _ _ _ _ _ _   _ _   _ _ _ _ _ _ _ _ _ _

- This puzzle is a word search puzzle that has a hidden message in it.
- First find all the words in the list.
- Words can go in any direction and share letters as well as cross over each other.
- Once you find all the words. Copy the unused letters starting in the top left corner into the blanks to reveal the hidden message.

SOCIAL MEDIA PLATFORMS

Word Search Puzzle for Social Media Platforms

H	L	T	A	H	C	P	A	N	S	S	I	Q	E	F
P	C	S	N	Y	O	U	T	U	B	E	N	V	K	F
G	F	N	Y	E	T	D	E	Q	M	W	S	Y	R	S
Y	T	E	I	I	H	N	W	U	T	K	T	E	Y	A
S	U	T	D	D	T	N	X	Z	O	D	A	I	J	J
L	W	D	C	I	E	G	E	O	A	Q	G	E	M	E
D	E	H	K	E	L	K	B	E	Z	F	R	U	D	U
R	S	T	A	W	F	E	N	I	T	L	A	Y	Y	P
C	O	O	X	T	C	N	G	I	U	R	M	N	Y	G
K	X	U	I	A	S	O	I	L	L	E	R	H	V	F
R	Z	R	F	K	C	A	L	O	O	T	J	Z	O	H
C	D	W	K	H	S	I	P	E	J	T	B	O	D	Y
T	E	L	E	G	R	A	M	P	C	I	C	M	Z	K
X	B	S	Q	P	M	A	J	H	W	W	T	E	X	K
I	S	M	G	O	T	G	B	I	Y	T	S	W	V	W

Facebook	Instagram	LinkedIn
Reddit	Snapchat	Telegram
TikTok	Twitter	WhatsApp
YouTube		

- Find the word in the puzzle.
- Words can go in any direction.
- Words can share letters as they cross over each other.

Criss-Cross Puzzle for Social Media Platforms

ACROSS
2. a cross-platform instant messaging app.
6. a video sharing platform.
9. an App for sharing photos and videos.
10. a social news aggregator platform.

DOWN
1. an app that allows 15-second video shot.
3. a networking site for professionals
4. an online news and social networking for short messages.
5. An instant messaging and voice-over-IP app
7. allows users to send photos and videos to other users.
8. an online social networking site developed by Mark Zuckerberg

- Use the clues to fill in the words above.
- Words can go across or down.
- Letters are shared when the words intersect.

Double Puzzle for Social Media Platforms

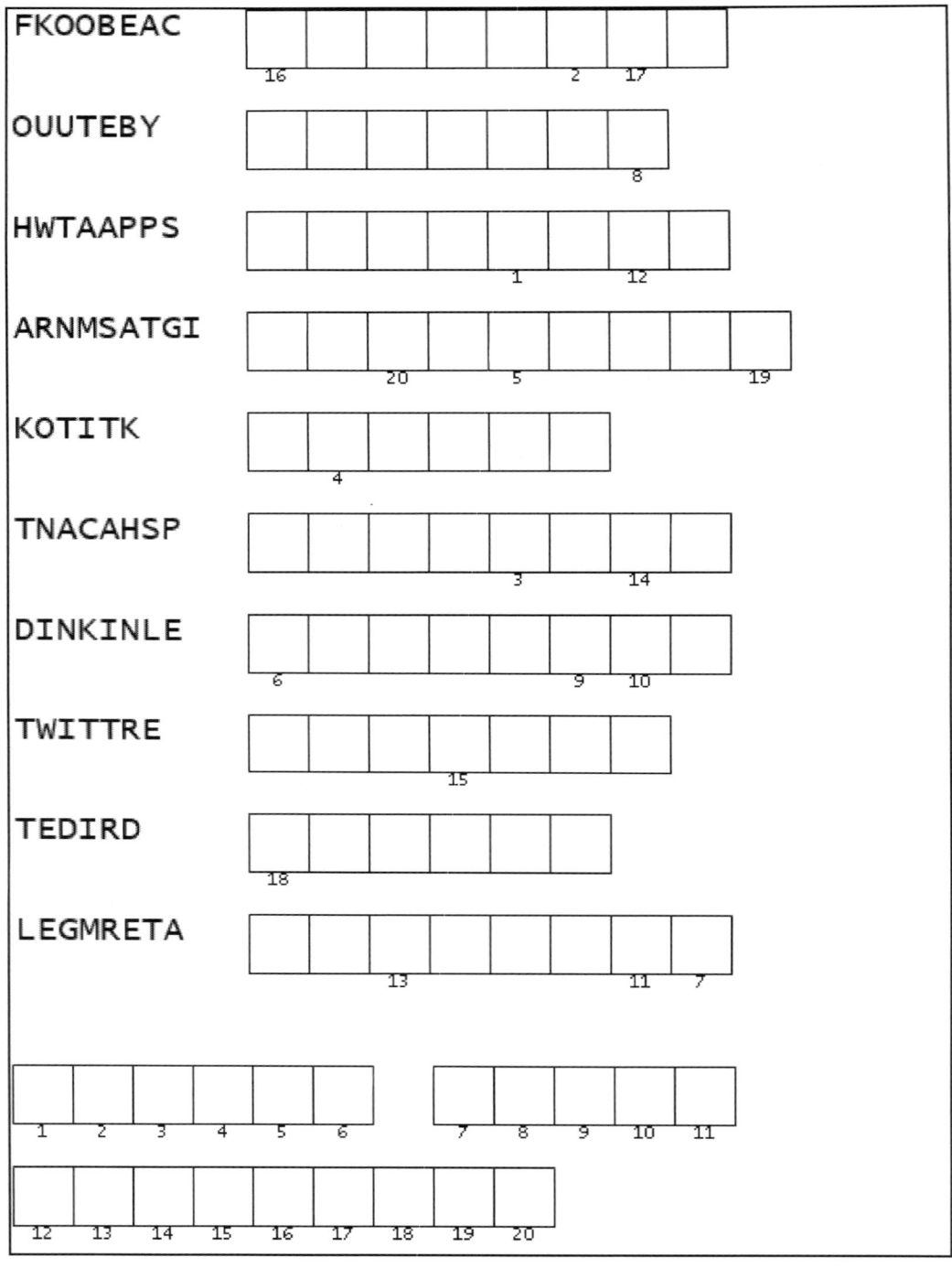

Fallen Phrases Puzzle for Social Media Platforms

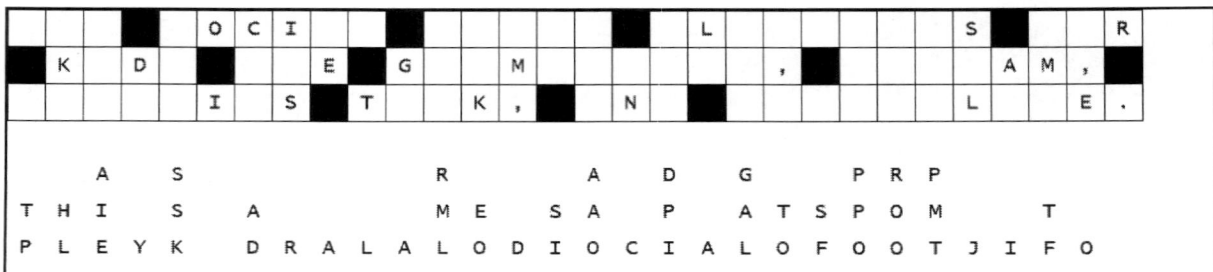

- Try to rebuild the message.
- The letters from each cell are below the puzzle.
- Try to rebuild the original message by choosing the letters for each cell.

Letter Tiles for Social Media Platforms

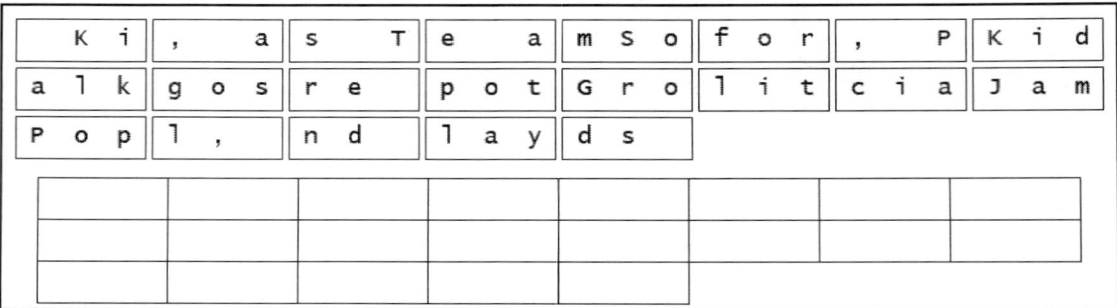

- Unscramble the tiles to reveal a message.
- Each tile is used only once.
- Use spacing, punctuation and common words to find adjacent tiles.
- Some words may be split into two lines.

Cryptograms for Social Media Platforms

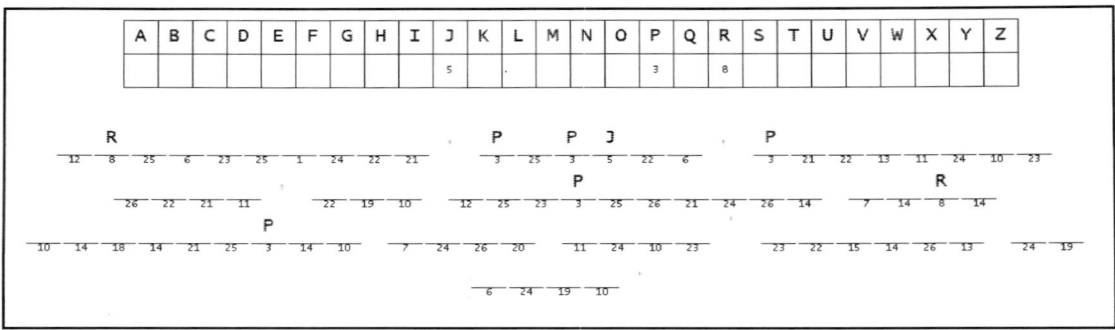

- Decode the message.
- Each letter in the phrase has been replaced with a random letter or number.
- Try to decode the message.

Hidden Message Puzzle for Kids Social Media Platforms

K	I	D	S	S	O	G	C	I	A	L	M	E	K	D
I	A	K	D	E	M	O	I	G	R	M	I	J	L	K
S	T	E	U	U	V	S	P	U	H	N	J	S	A	F
S	Q	K	H	K	D	P	G	V	G	Y	V	P	T	O
Q	N	H	F	T	R	O	U	K	O	P	G	X	S	D
S	F	M	Z	L	W	T	M	N	U	E	Y	W	D	J
O	R	Y	W	C	J	L	A	S	K	P	M	V	I	C
E	Q	M	S	H	J	I	H	D	P	B	U	U	K	F
M	A	J	P	O	P	T	E	T	S	T	Q	G	Y	W
T	G	L	N	R	B	E	C	B	J	H	I	G	A	C
I	G	G	E	N	O	Y	R	R	X	C	A	P	L	N
B	M	K	L	A	I	C	O	S	M	O	R	G	P	V
D	L	P	J	H	W	A	U	U	A	R	X	U	E	R
H	A	Y	X	J	N	N	H	A	P	L	N	L	Y	D
Q	C	I	G	T	V	P	H	W	H	L	W	M	C	N

gospotlite	GromSocial	PlayKidsTalk
PopJam		

___ ___ ___ ___ ___ ___ ___ ___ ___

- This puzzle is a word search puzzle that has a hidden message in it.
- First find all the words in the list.
- Words can go in any direction and share letters as well as cross over each other.
- Once you find all the words. Copy the unused letters starting in the top left corner into the blanks to reveal the hidden message.

E-LEARNING PLATFORMS

Word Search Puzzle for eLearning Platforms

```
L A B P B S Q R C M L H D G L O E I X X
G P L U R A S I G H T E J V K M X X T A
V H A S U H F Q K O F S A I L V G X K K
A O A O I K V E O U S H Z K T N D O Q S
P T X V N P C L T H K Z W W E K C I T F
H I T I Q G D U L S T W G P D D L D A X
N Y H Y G Z R U K R C C N M J K I X M W
T T M N W E P I E Y B W V W K J U N Y U
E Q W E L Z L Q A R E S R U O C D K M Q
E Z T E D L V S G G F M N A Y M A B E O
K J A B S U P Y N X B O S H C N C B D C
Y R A H E O A B X Z L I K S D V I A A C
N I A S W O N N D D D A L X D E T B C N
H R E X C D G F G E G D K Y X T Y H E D
E P Q E F U L E B C I L U P G J Y Q D W
W S P B G Z W V Z B O I D M Z Y Y O O F
E C X F H H M H O P S T Q S U S M Q C W
T K R Y K D Q O C K K B H K A A J P A M
V C T Y C S R B B E Y V S G A N Z E X X
B H C A T R G D Y G L H X O D P T K P H
```

Codecademy	Coursera	Edx
Futurelearn	LeakedIn	Learning
Plurasight	Skillshare	Thinkfic
Udacity	Udemy	

- Find the word in the puzzle.
- Words can go in any direction.
- Words can share letters as they cross over each other.

Criss-Cross Puzzle for eLearning Platforms

ACROSS

2. offer learning through the professional platform
5. founded in 2012 by Standford University professor.
7. online learning platform created by Harvard and MIT.
8. owned by The Open University and SEEK Ltd
9. it allows instructors to build online courses.
10. help people sells and deliver courses online.

DOWN

1. an online platform for creative people
3. offers free coding classes.
4. offers courses for IT professionals.
6. founded by Sebastian Thrun, David Stavens, and Mike Sokolsky

Use the clues to fill in the words above.
Words can go across or down.
Letters are shared when the words intersect.

Double Puzzles for eLearning Platforms

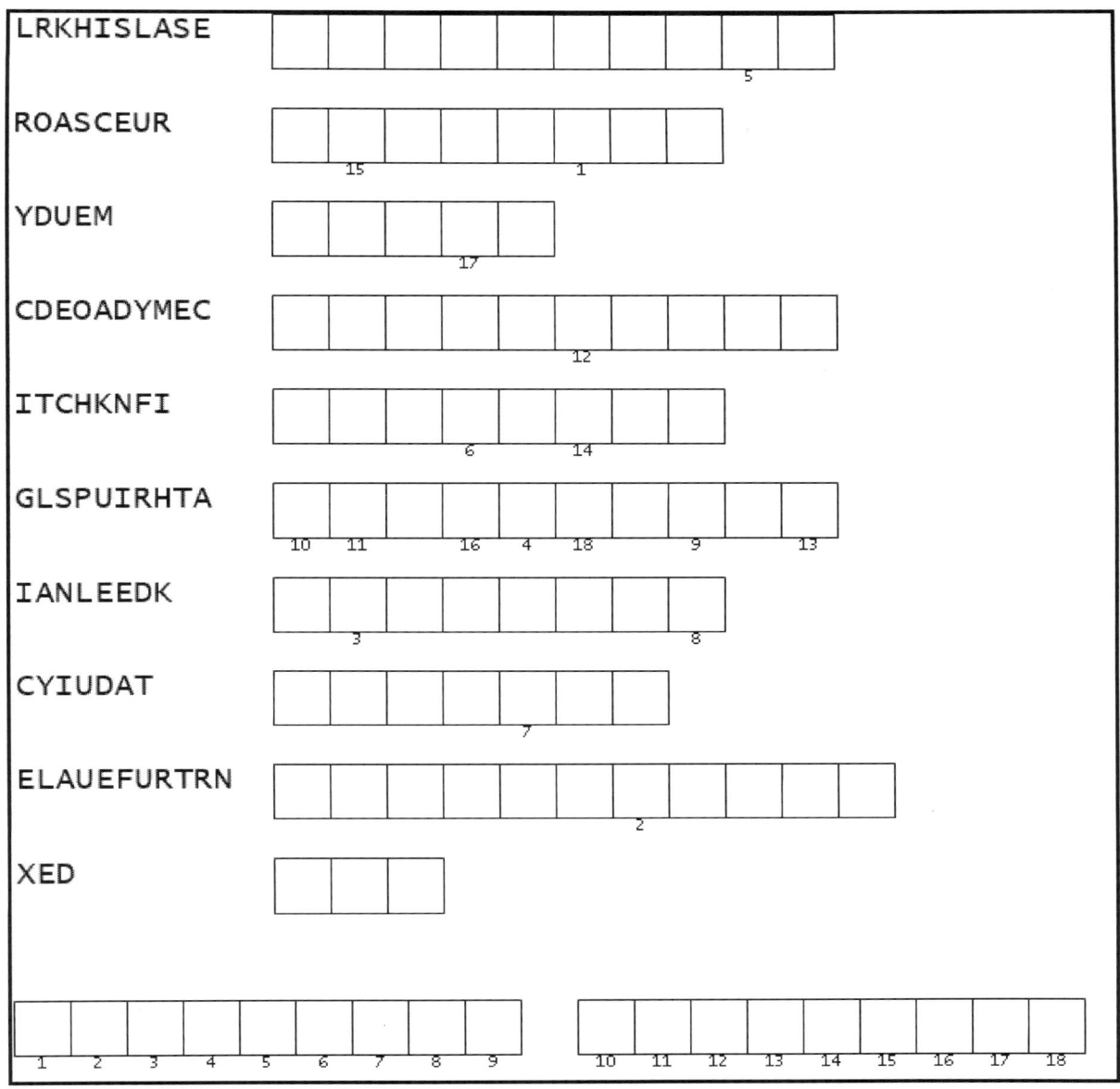

Fallen Phrases for eLearning Platforms

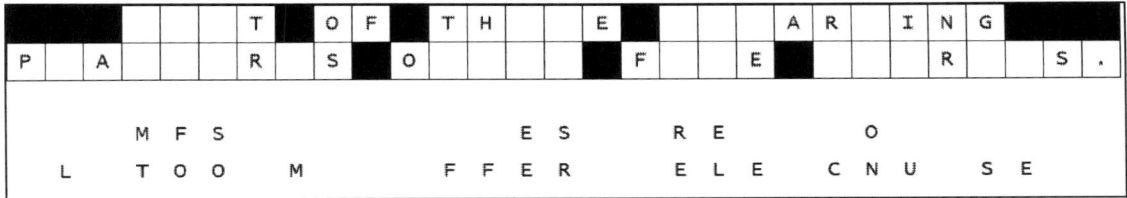

- Try to rebuild the message.
- The letters from each cell are below the puzzle.
- Try to rebuild the original message by choosing the letters for each cell.

Letter Tiles Puzzle for eLearning Platforms

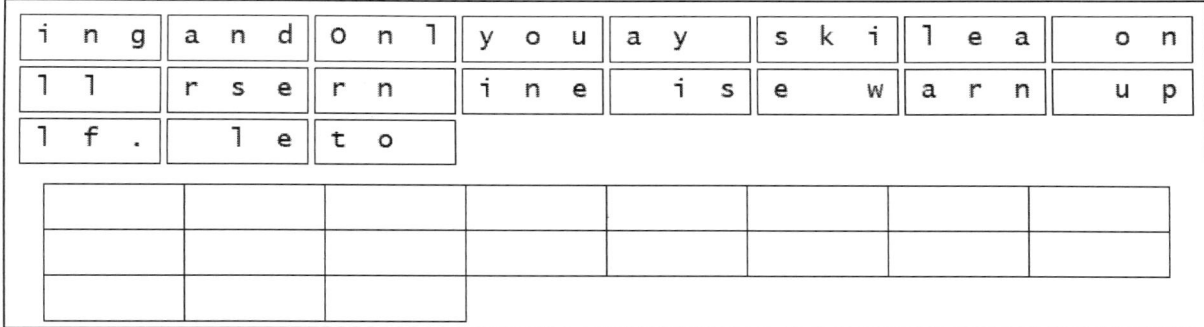

i n g	a n d	o n l	y o u	a y	s k i	l e a	o n
l l	r s e	r n	i n e	i s	e	w a r n	u p
l f .	l e	t o					

- Unscramble the tiles to reveal a message.
- Each tile is used only once.
- Use spacing, punctuation and common words to find adjacent tiles.
- Some words may be split into two lines

Cryptograms for eLearning Platforms

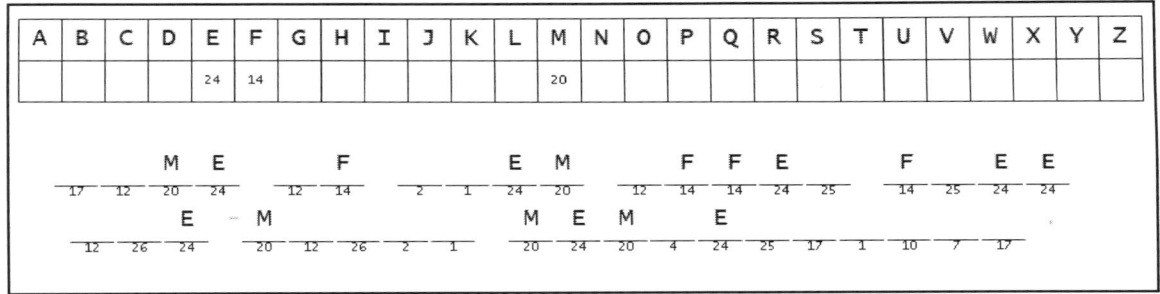

- Decode the message.
- Each letter in the phrase has been replaced with a random letter or number.
- Try to decode the message.

Hidden message Puzzle for eLearning Platforms

```
E E U L E A R A N I Y N N G P
L R A D T F R O R M M I S T B
T Y A Z A E P T E P E D Y B E
C T R H S C H M L G D E X F Z
R X A R S I I U O H A K D D I
Y J U C N L R T A I C A C Q E
B O D K J A L E Y D E E U V P
C Z F U S V L I S D D L W N Z
Y I Q I A N X Q K H O B X B K
C Q G Y D I V E H S C Q M L N
Q H F U T U R E L E A R N Q K
T K L P U P I Q K P J I E X J
Q Y X J G S S W V A A I A J Z
Y W H I L M Y Y B Q T N R X W
T O M H T J A A H N U D E M Y
```

Codecademy	Coursera	Edx
Futurelearn	LeakedIn	Plurasight
Skillshare	Thinkfic	Udacity
Udemy		

- This puzzle is a word search puzzle that has a hidden message in it.
- First find all the words in the list.
- Words can go in any direction and share letters as well as cross over each other.
- Once you find all the words. Copy the unused letters starting in the top left corner into the blanks to reveal the hidden message.

Word Search Puzzle for Cybersecurity

```
N V L C C V Z C D I Y Q T Y N M F M T P
O U X Y R P X I O N A F A Z F D N Z V A
I L U B L R I B Y N I J D H Z A O X L S
T N H E X K A F N R F A Z S N P N K S S
A E R R L P R N E P H I S H I N G Y C W
C R L B S P P W S B Q Y D D H I F E Z O
I A Y U F S A Z F O C T O E X M M N O R
T B M L B L R H U A M J E E N E X D P D
N I Q L L M F E V H D W R X T T A F D O
E L Q Y J R O I K X P E A X B C I K Z O
H I I I T Z R K X C U K W R B J B A S X
T T B N M P N L M M A L L C E R X L L J
U Y O G Y Z T W O M A H A F Y S U W N A
A E N C R Y P T I O N Q M D U X Q H W Z
N A E A Q E L A R P W S E R H O W Q H L
F Q P V P N P Z O I O B I M Q M X S E I
S U R I V I T N A C C V R R F H I L B V
E N X O B M Y T I R U C E S R E B Y C A
O G M O S N Z A W V B F J O A I L L G B
B N D O D K L G N I R E E N I G N E K T
```

Antivirus	Authentication	Confidential
Cyberbullying	Cybersecurity	Encryption
engineering	Firewall	Hackers
Malware	Password	Phishing
Privacy	Ransomware	Social
Virus	Vulnerability	

- Find the word in the puzzle.
- Words can go in any direction.
- Words can share letters as they cross over each other.

Criss-cross Puzzle for Cybersecurity

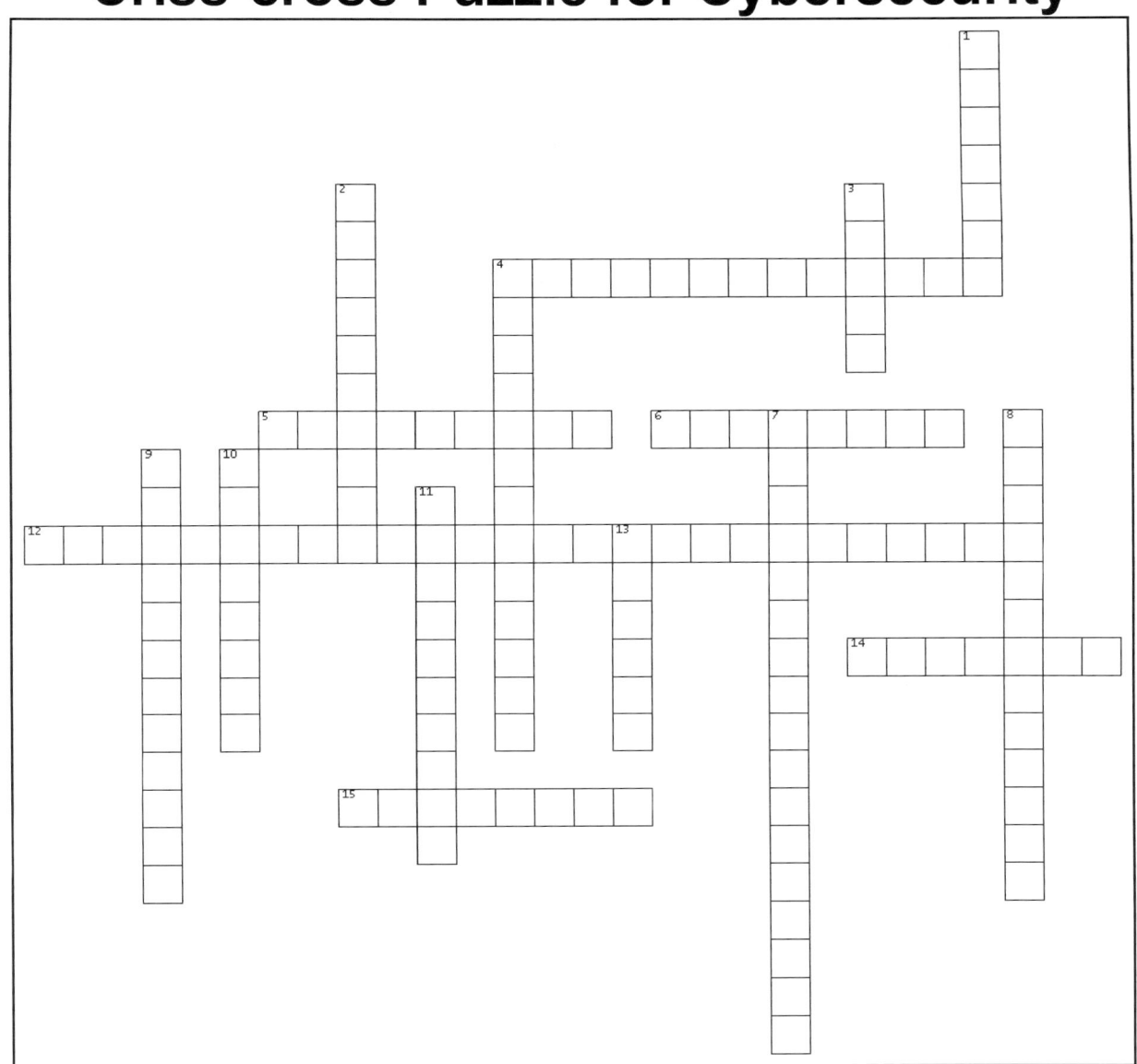

ACROSS
4. protection of data from unauthorized users.
5. a program developed to kill and remove computer viruses.
6. a secret information that no one should know
12. a process of granting access to legitimate users
14. software design to steal our data.
15. the superman that send away bad people on our network.

DOWN
1. right to keep our information to ourselves.
2. process of converting letters to code to make secret.

3. bad software that multiplies itself to steal our information.
4. An online harassment
7. Online manipulation to give sensitive data.
8. a mistake on a computer that allows bad people into our computers.
9. keep my identity secret online
10. a bad email send to steal our data.
11. a bad software used by bad people to deny access until payment is made.
13. the bad people that want to steal our data.

Use the clues to fill in the words above.
Words can go across or down.
Letters are shared when the words intersect.

Double Puzzles for Cybersecurity

Scrambled word	Numbered boxes (position: number)
NILBLYCYGREUB	1: 8, 2: 2, 3: 3, 5: 10, 10: 13
LIAWFREL	4: 7
URVANISTI	3: 12, 8: 9
REKHACS	3: 1
AAELWMR	7: 4
IVSRU	5: 6
GNHIHPIS	3: 11
ERMSORAWNA	9: 5

Final answer boxes: 1 2 3 4 5 6 7 8 9 10 11 12 13

OAPWSSDR   [ ][ ][ ][ ][ ][ ][ ]
                              2

NIEIHTTTCAUAON   [ ][ ][ ][ ][ ][ ][ ][ ][ ][ ][ ][ ][ ]
                       12   4   14

ARVCIPY   [ ][ ][ ][ ][ ][ ]
                           3

ONICYPRNTE   [ ][ ][ ][ ][ ][ ][ ][ ][ ]
                  7 10 13   9 8

TNCFLIENIDAO   [ ][ ][ ][ ][ ][ ][ ][ ][ ][ ][ ]
                     15   11   6

YBEAUITVLNRLI   [ ][ ][ ][ ][ ][ ][ ][ ][ ][ ][ ][ ]
                              5

RCUYECIRTESYB   [ ][ ][ ][ ][ ][ ][ ][ ][ ][ ][ ][ ]
                           1

[ ][ ][ ][ ][ ][ ]   [ ][G][ ][ ][ ][ ][ ][G]
 1 2 3 4 5 6   7 8 9 10 11 12 13 14 15

Fallen Phrases for Cybersecurity

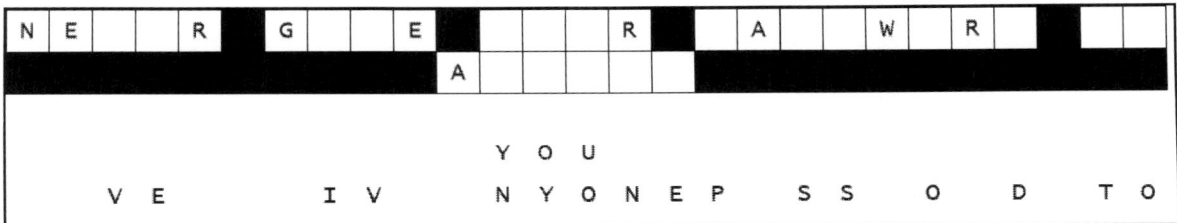

- Try to rebuild the message.
- The letters from each cell are below the puzzle.
- Try to rebuild the original message by choosing the letters for each cell.

Maze
Find a vulnerable route of entry and exit.

Letter Tiles for Cybersecurity

r u s	u l t	l l y	r b u	l a	y o	u n t	p a
i f	u e	y b e	t o	r e n	a d r	r t	n c o
T e l	t e d	e r	a c				

- Unscramble the tiles to reveal a message.
- Each tile is used only once.
- Use spacing, punctuation and common words to find adjacent tiles.
- Some words may be split into two lines.

Cryptogram for Cybersecurity

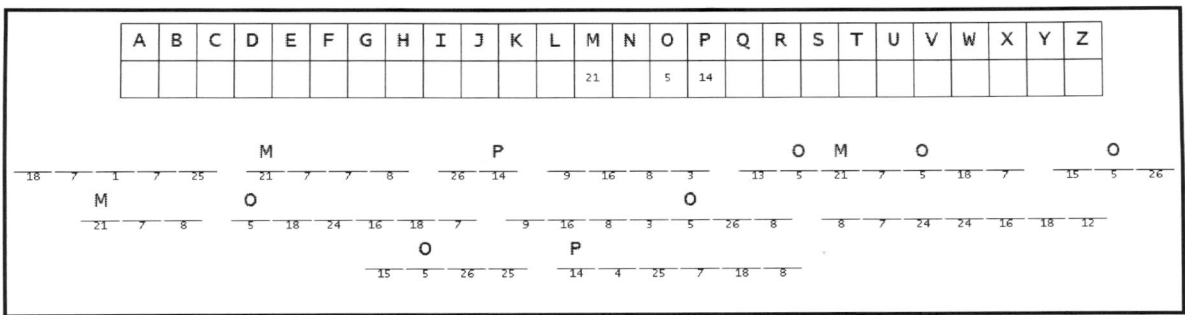

- Decode the message.
- Each letter in the phrase has been replaced with a random letter or number.
- Try to decode the message.

Hidden Message for Cybersecurity

```
L G H C Y B E R S F E C U R I T Y U P G
A N K A N Q N I I V G P T A C R V H N L
I I Y T C P I R G L W F S Q J U I I N T
T Y J T S K E L M E J A A Q Q S R X Y O
N L E V I W E A Y I J D J J H E U K J T
E L R R A L L R C D I E F I E N S D B A
D U D L A W I N S N N B N N L X R A E F
I B L P A N A B X H J G I A P Z W N X N
F R W R Q H S I A A N G J X T T T R F Q
N E E S E W D O Q R N R D H X E P M Z A
O B G F F S R X M E E G D M A U A C V O
C Y O N L G O G L W X N C G J D S D F L
D C Y C R T E A K G A N L B P N S F D M
G A B F U R I I Z N E R W U U L W R K Q
C Q M X S C F K D S R Z E X V I O B D I
R R T L O Y N O I T P Y R C N E R V F J
H H C S X J L M T D B I B C J F D Z E J
G D G M N O I T A C I T N E H T U A P E
L P Q F O B U X A N T I V I R U S W X X
Y C A V I R P W O W C A G Z D P S F A K
```

Antivirus	Authentication	Confidential
Cyberbullying	Encryption	Firewall
Hackers	Malware	Password
Phishing	Privacy	Ransomware
Socialengineering	Virus	Vulnerability

___ ___ ___ ___ ___ ___ ___ ___ ___ ___ ___ ___ ___

- This puzzle is a word search puzzle that has a hidden message in it.
- First find all the words in the list.
- Words can go in any direction and share letters as well as cross over each other.
- Once you find all the words. Copy the unused letters starting in the top left corner into the blanks to reveal the hidden message.

Memory Game

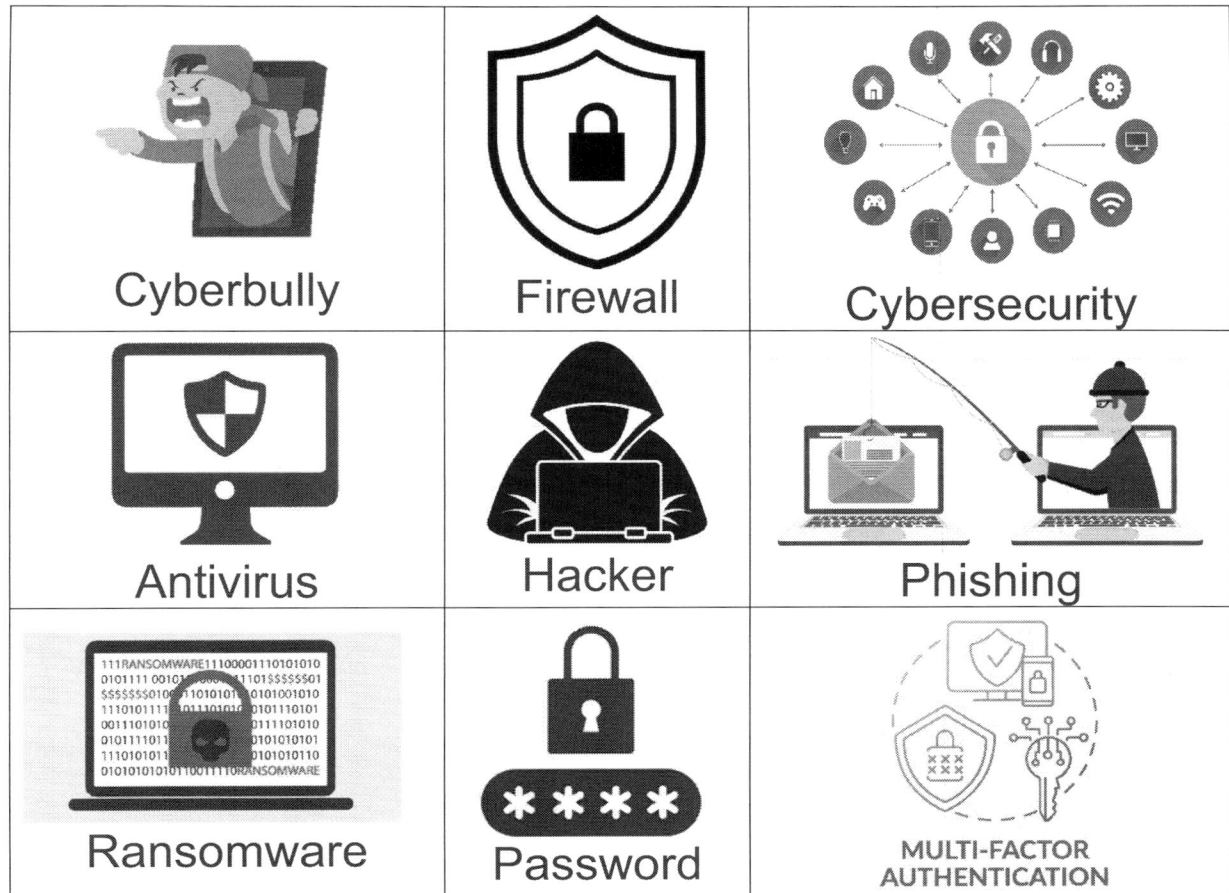

Be a Cyber SMART Kid

S	**Stay Safe online** Don't give your personal information to someone you don't know or a website you can't trust.
M	**Don't Meet up** Meeting someone you only know on the internet can be dangerous. Always check with your parents or a trusted adult.
A	**Accepting Files** Accepting email, attaching files, pictures, or texts from someone you don't know can be dangerous.
R	**Reliable** Always verify all online information to be sure that it is reliable.
T	**Tell Someone** Tell your parent or trusted adult if you encounter cyberbullying online.

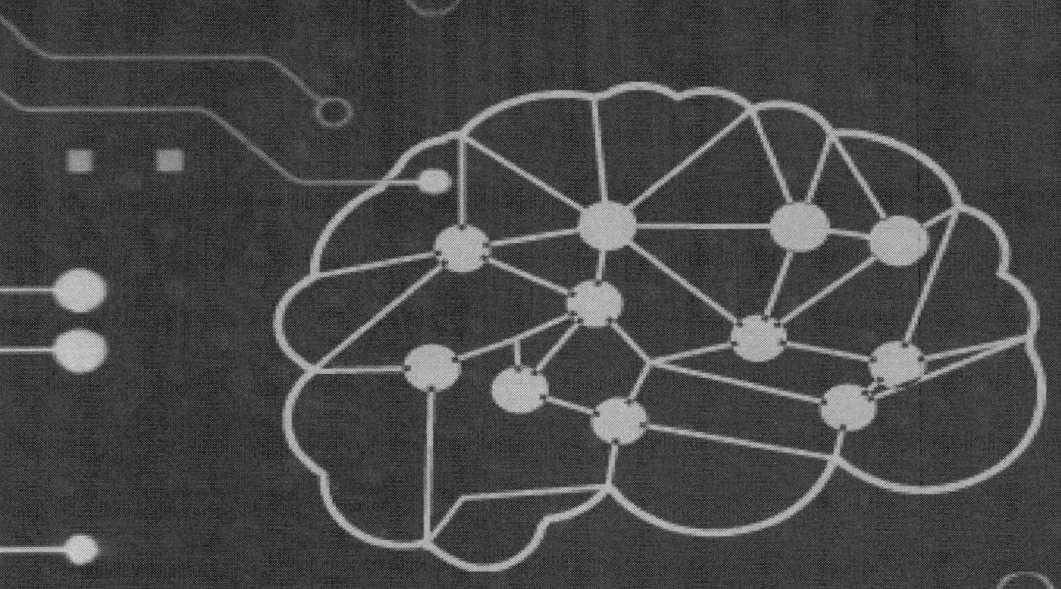

Computer Hardware Answers

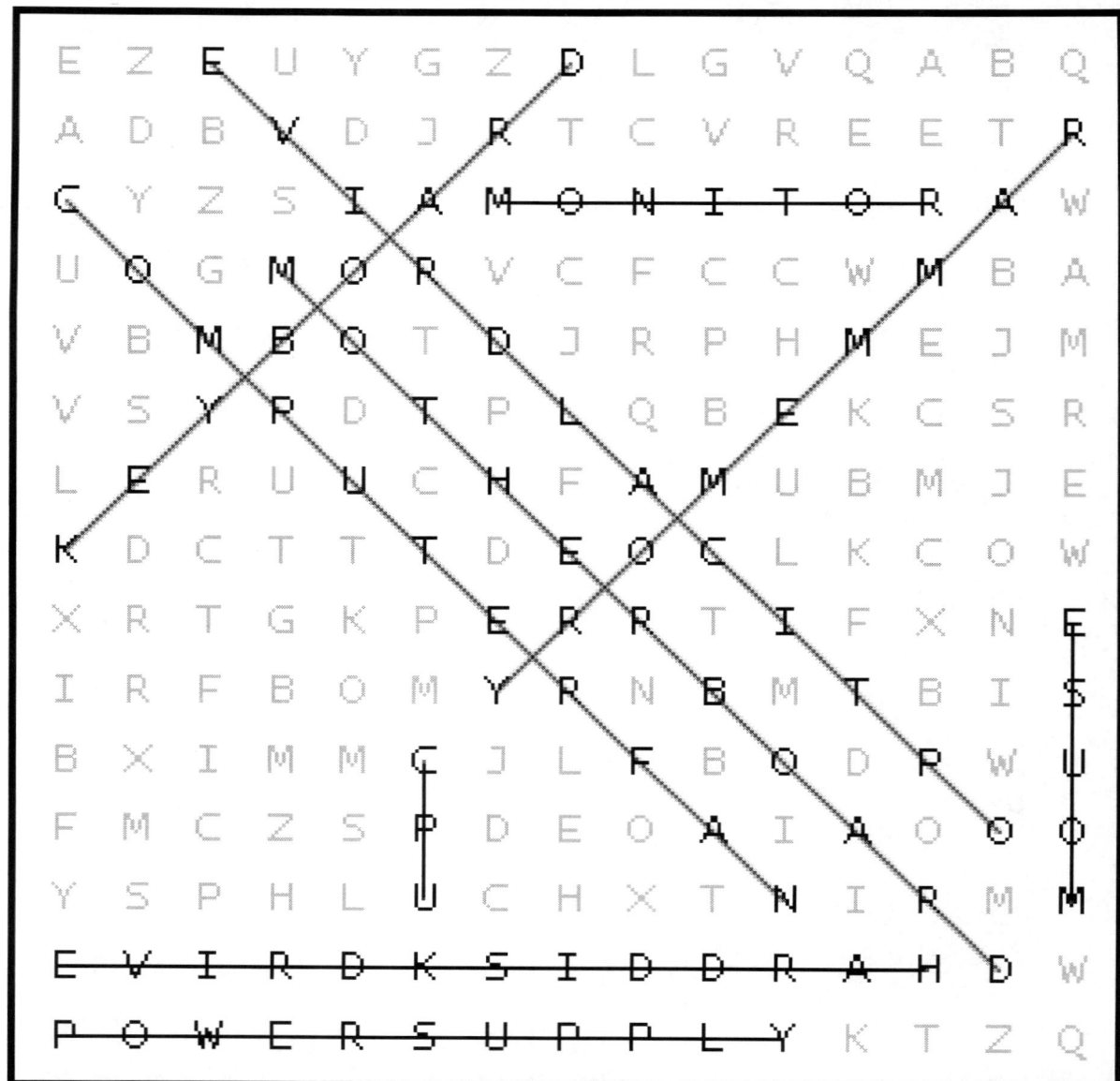

ComputerFan, I provide cooling to the Computer

Keyboard, Entering every Word with a letter at a time

Mouse, Just for the Click

RAMMemory, Store information for a moment

CPU, Always busy processing information

Monitor, Just for the show of information

OpticalDrive, Accept only the Compact Disk as input device

HardDiskDrive, I store all information for long.

Motherboard, everyone is connected to me

PowerSupply, I provide energy to the computer

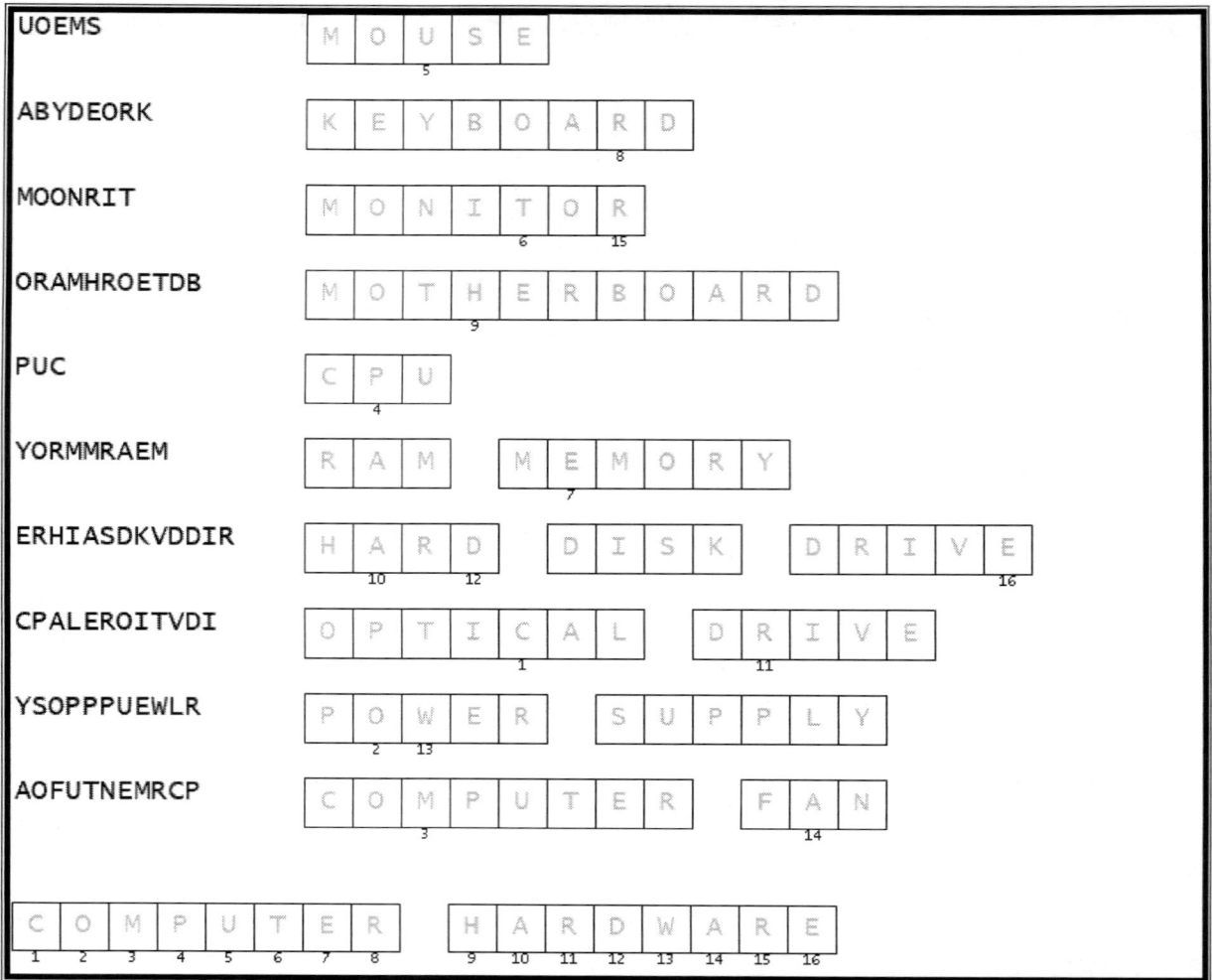

A mouse helps in navigating a computer monitor. We use a keyboard to enter data. RAM Memory keeps data for a moment, while the Hard Disk Drive stores data for a long time. The CPU processes the data while the fan cools the computer to avoid overheating.

Most computer hardware is connected directly to the motherboard. This includes the CPU, RAM Memory, Optical Drive, Power Supply, Computer Fan, and Hard Disk Drive.

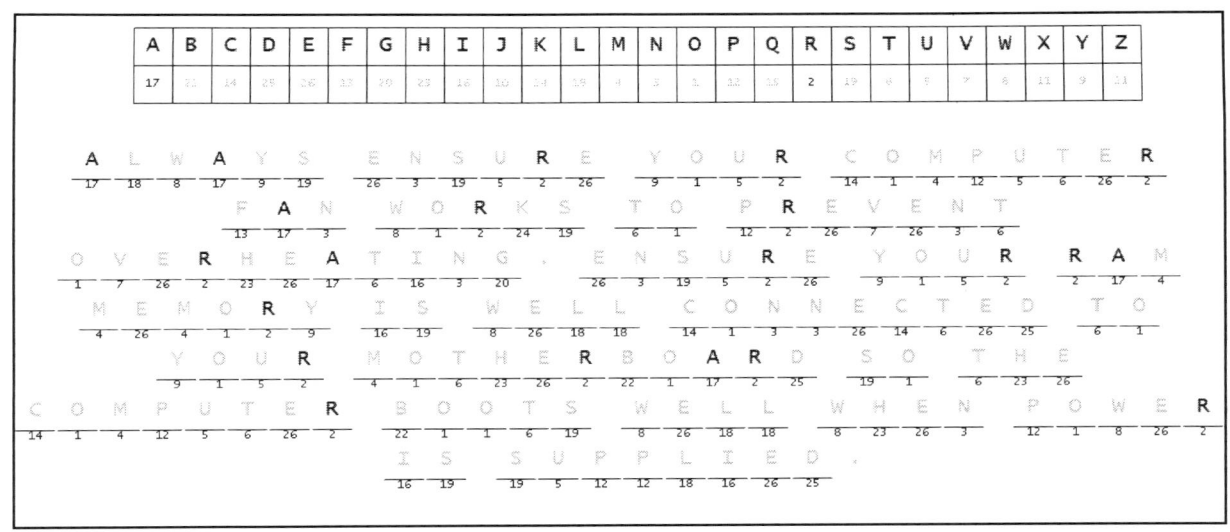

Always ensure your computer fan works to prevent overheating. Ensure your RAM memory is well connected to your motherboard, so the computer boots well when power is supplied.

PART OF COMPUTER

Computer	CPU	Drive
Fan	Hard	Keyboard
Monitor	Motherboard	Mouse
OpticalDrive	PowerSupply	RAMMemory

Computer Software Answers

Application	Driver	Freeware
Middleware	Open	Programming
Proprietary	Shareware	source
System	Utility	

System - help run computer hardware and applications
Application - designed to carry out a specific task.
Middleware - enable easy communication between applications.
Driver - help computer to recognize other devices
Programming - helps developers design new applications
Freeware - I am free to use and free to download
Opensource - helps distribute source code publicly
Proprietary - I am not free and require licensing
Shareware - can be used for free but only up to a certain time limit.
Utility - helps to analyze, configure, optimize and keep your computer safe.

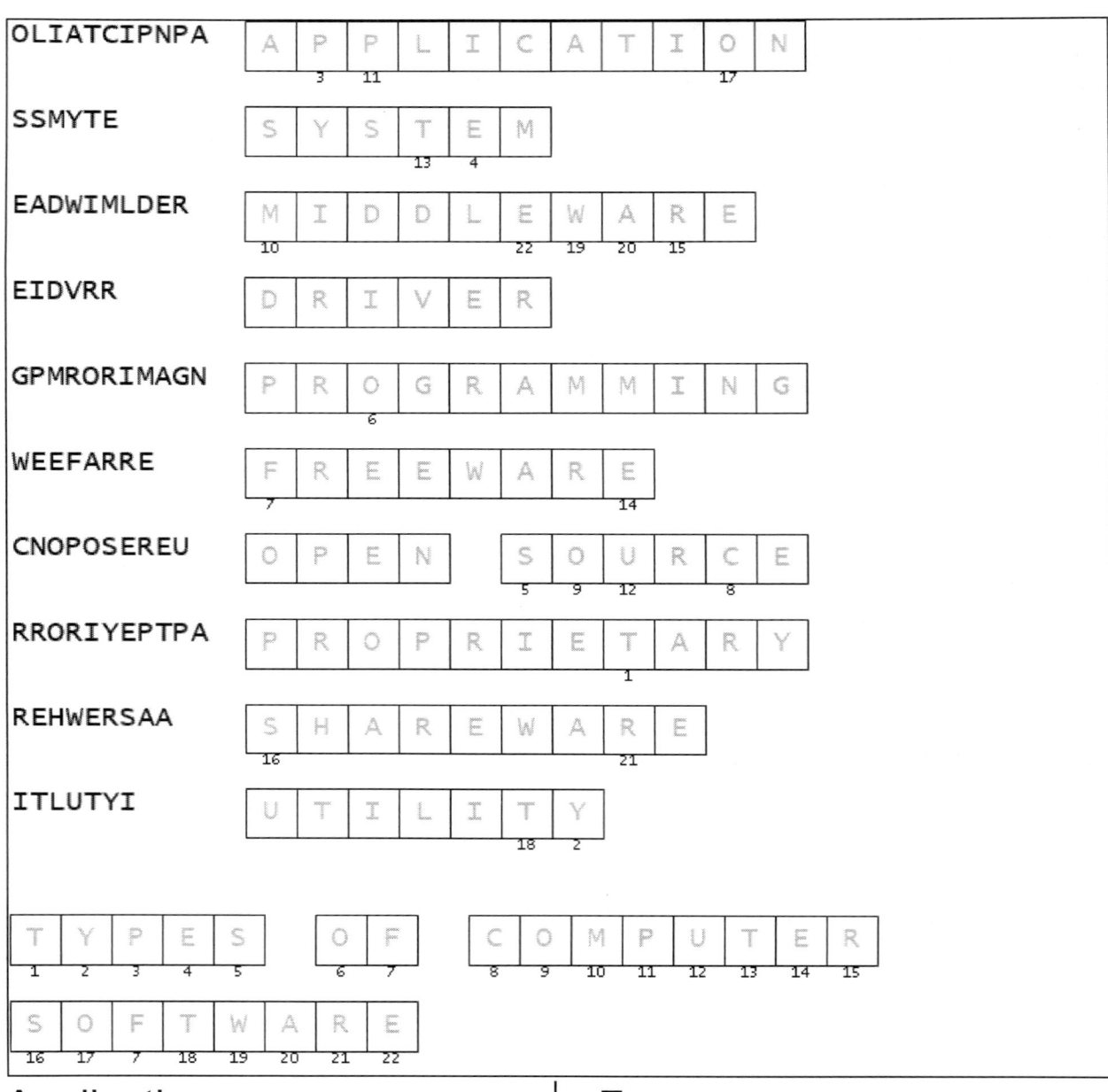

Application
System
Middleware
Driver
Programming

Freeware
Open source
Proprietary
Shareware
Utility

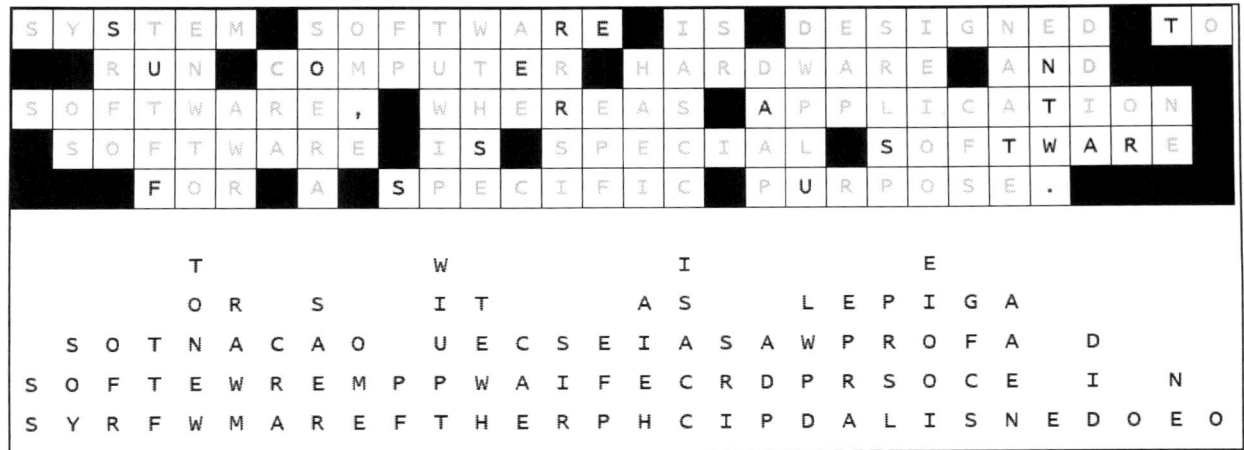

System software is designed to run computer hardware and software, whereas application software is special software for a specific purpose.

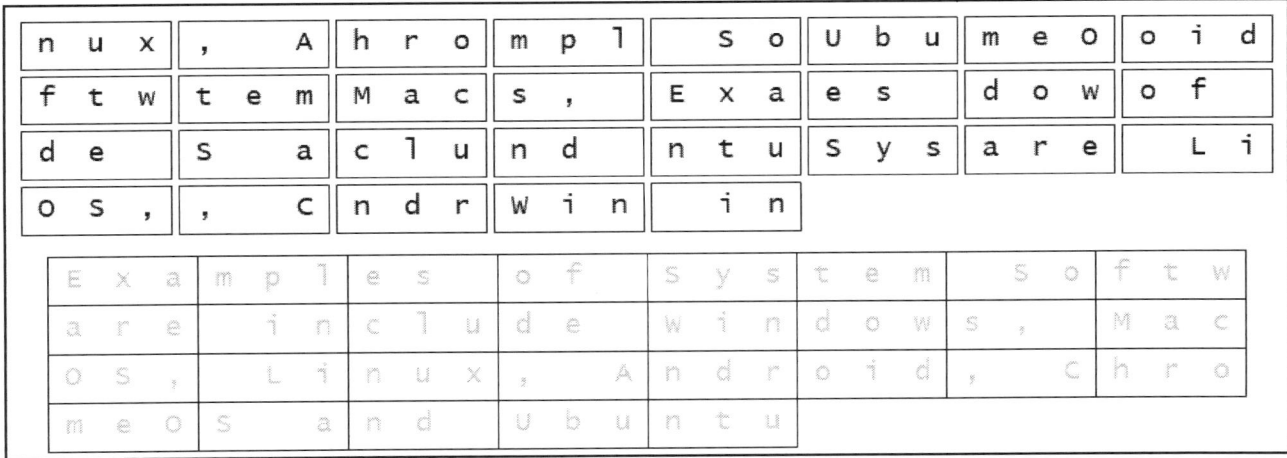

Examples of System Software include Windows, MacOS, Linux, Android, ChromeOS and Ubuntu

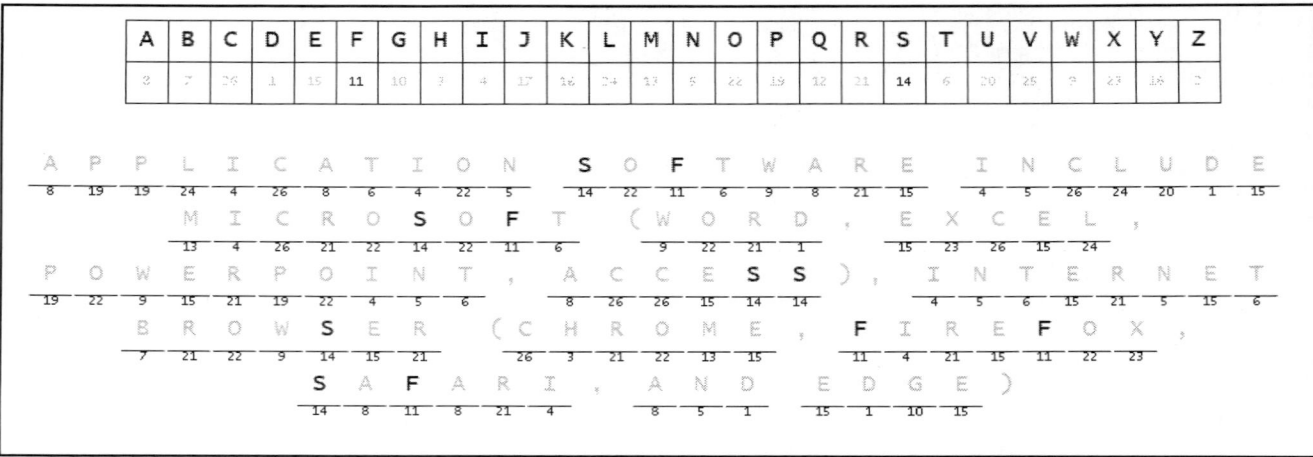

Application software include Microsoft (Word, Excel, PowerPoint, Access), Internet Browser (Chrome, Firefox, Safari, and Edge)

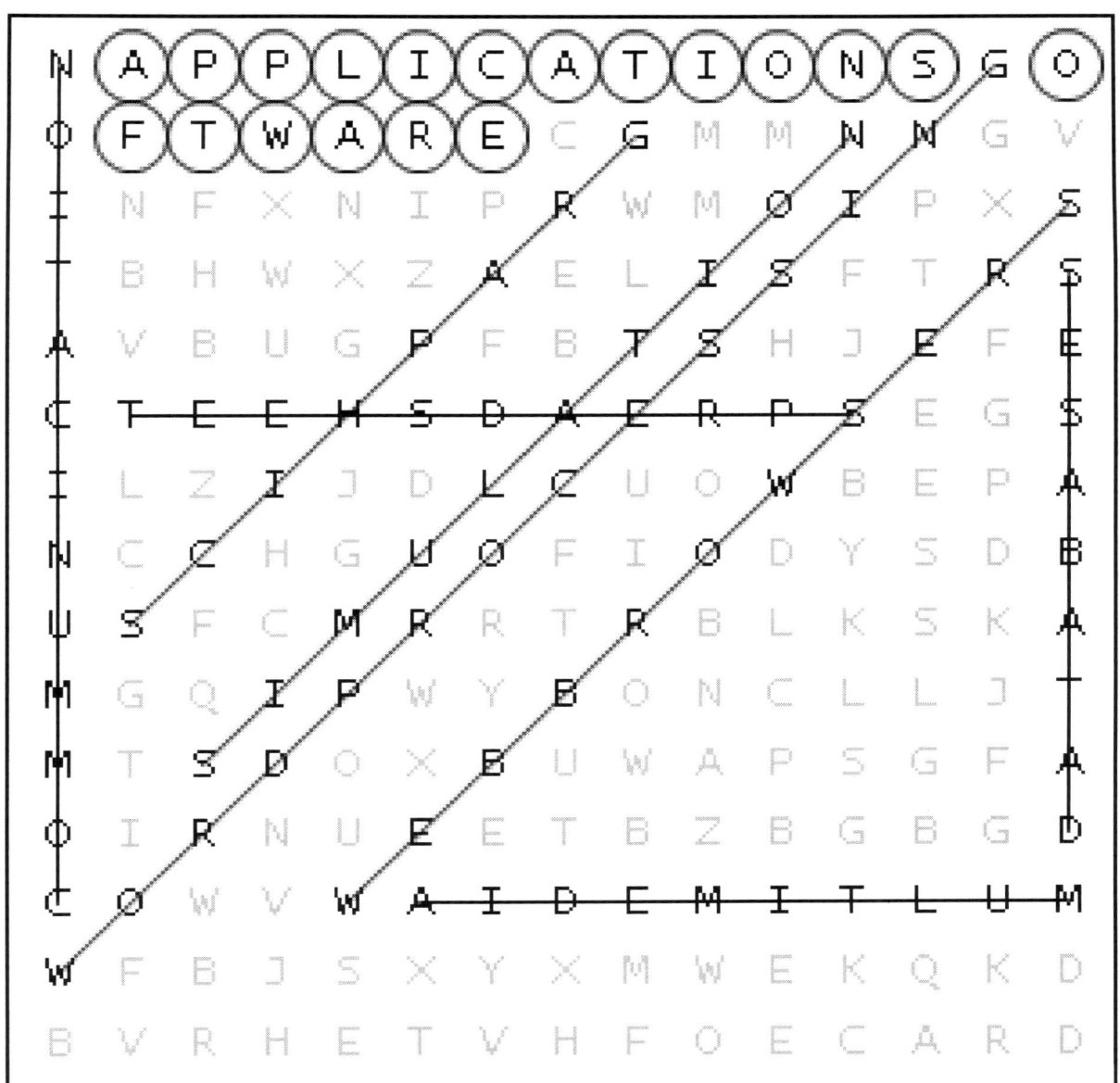

Communication	Databases	Graphics
Multimedia	Simulation	Spreadsheet
WebBrowsers	WordProcessing	

Internet Search Engines Answers

Aol	Archive	Ask
Bing	DuckDuckGo	Google
info	Kiddle	Yahoo
Zoominfo		

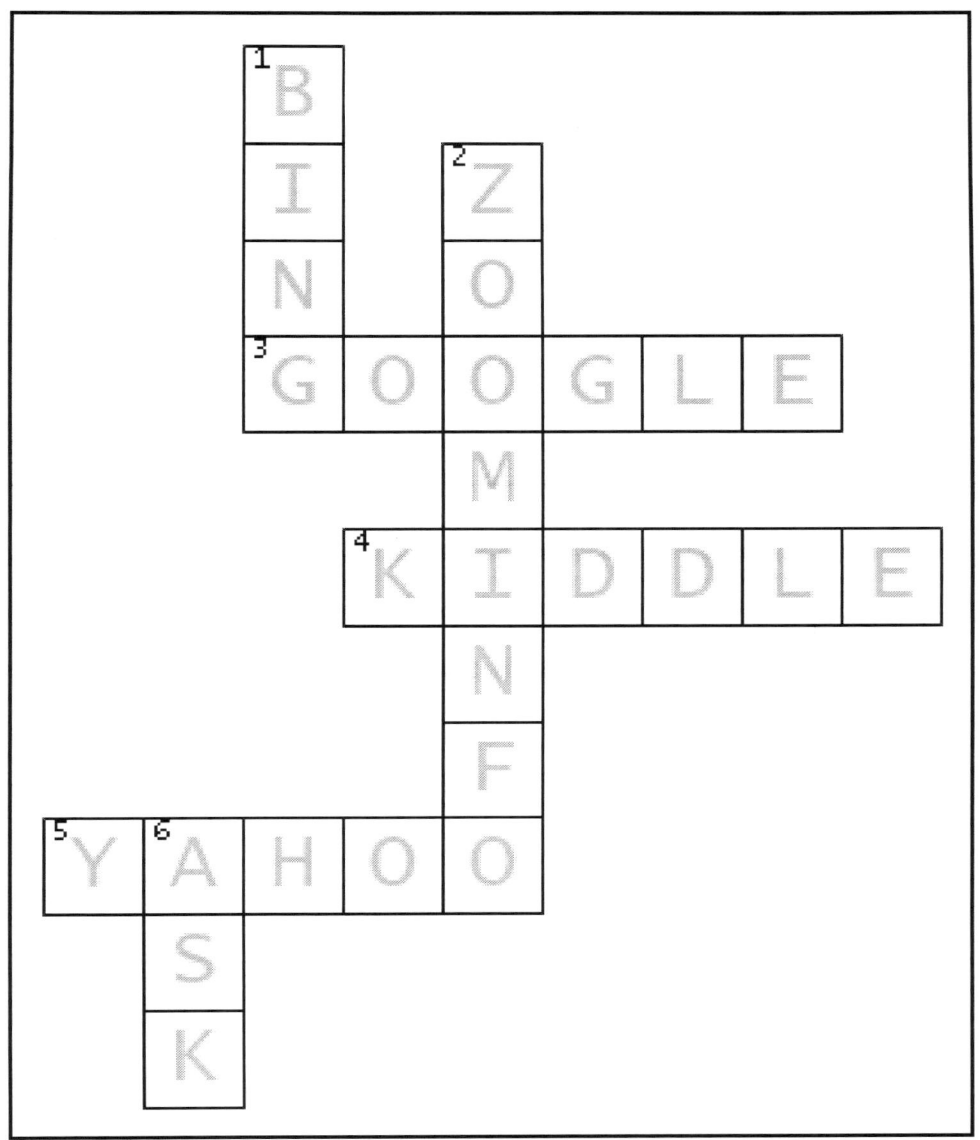

Google, the most popular search engine from USA

Bing, Microsoft owns

Yahoo, Yahoo owns

Kiddle, search engine for Kids

Ask, mostly used for questions

info, for business and technology

Zoominfo, Business search engine for company

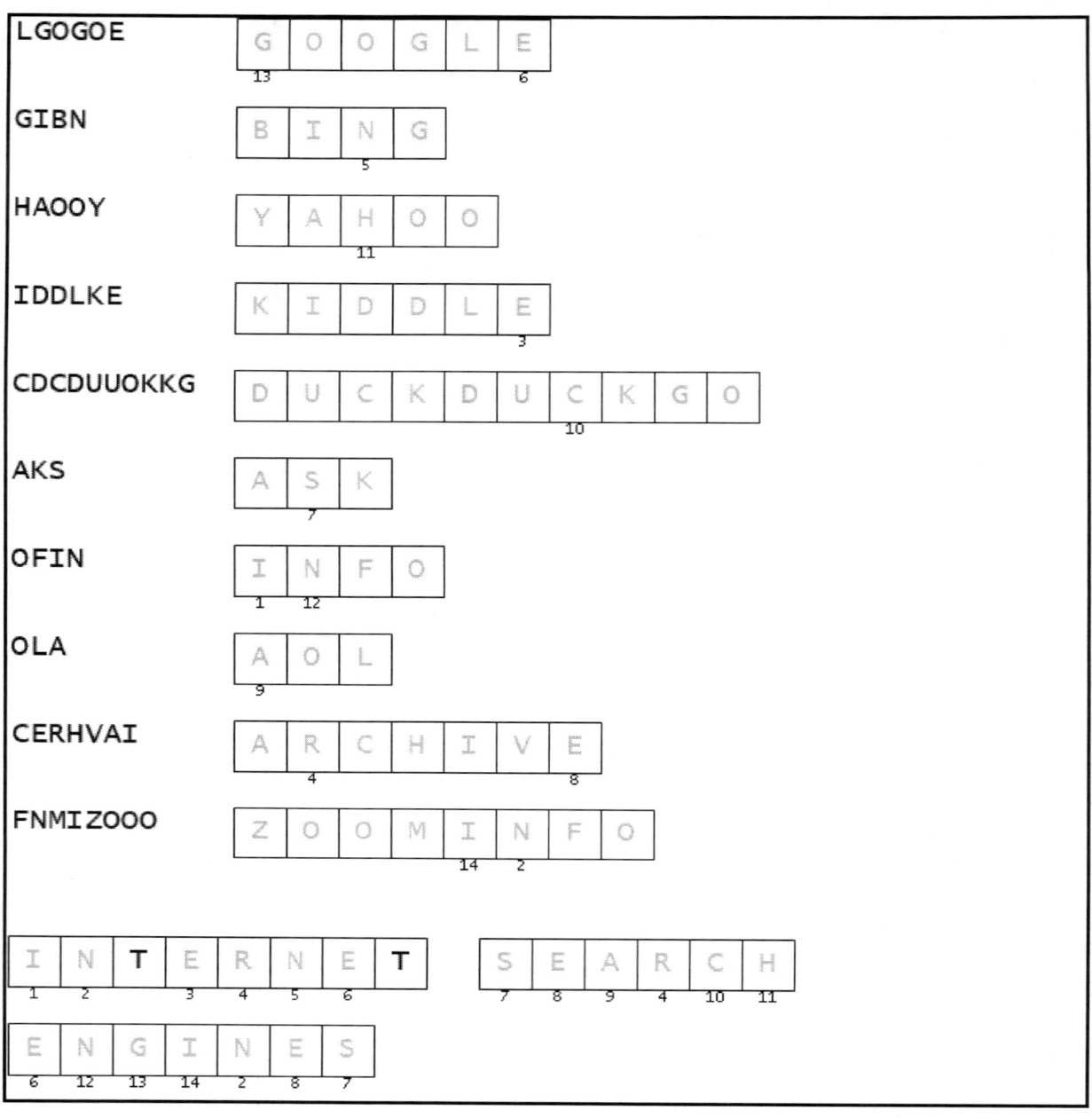

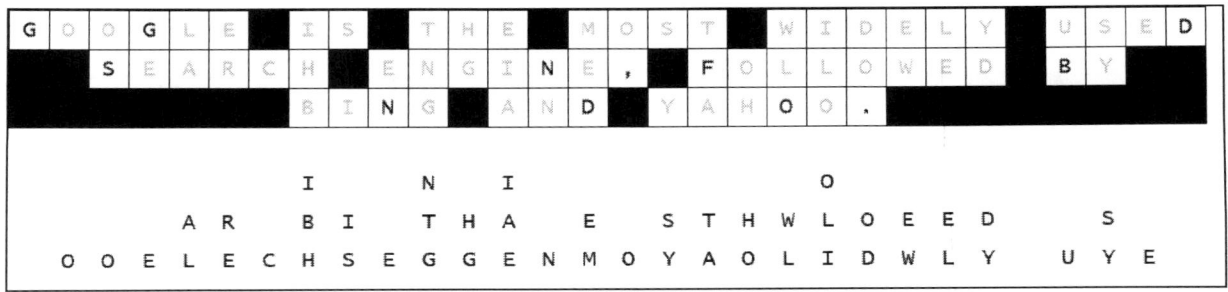

Google is the most widely used search engine, followed by Bing and Yahoo.

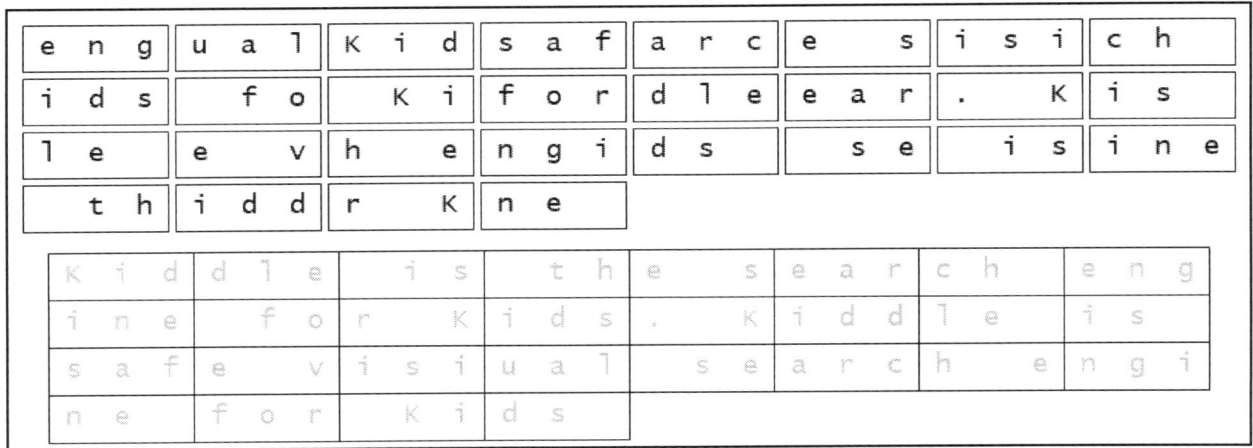

Kiddle is the search engine for Kids. Kiddle is safe visual search engine for Kids

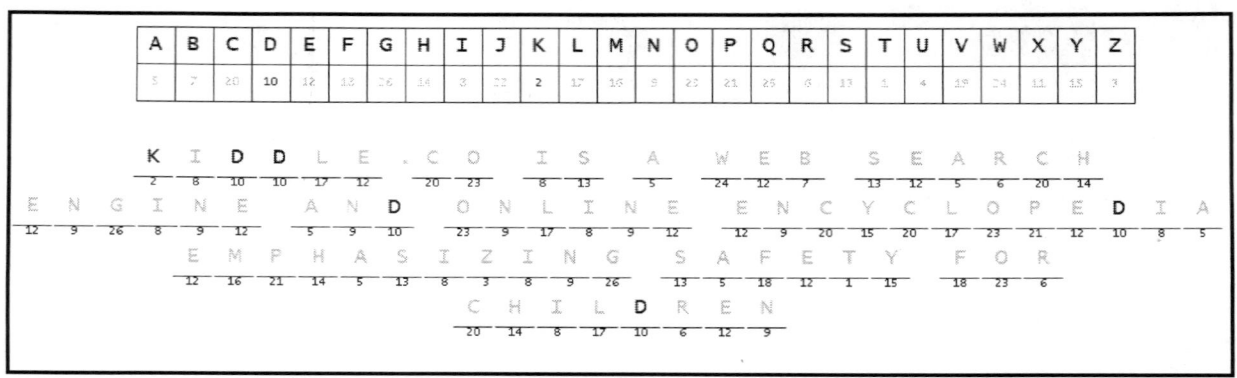

Kiddle.co is a web search engine and online encyclopedia emphasizing safety for children

Aol	Archive	Ask
Bing	DuckDuckGo	Google
info	Kiddle	Yahoo
Zoominfo		

SEARCH ENGINES

Types of Websites answers

Blog	Business	eCommerce
Event	Informational	Membership
Nonprofit	OnlineForum	Personal
Portfolio		

eCommerce, website that sells products and services online
Business, website for business organization.
Blog, a discussion or informational website
Portfolio, a personal website
Event, a landing page for important information.
personal, a website dedicated to one person.
Membership, content only available to members only.
Nonprofit, website for non for profit organization.
Informational, design to provide detail about a specific topic.
OnlineForun, where people can hold conversation.

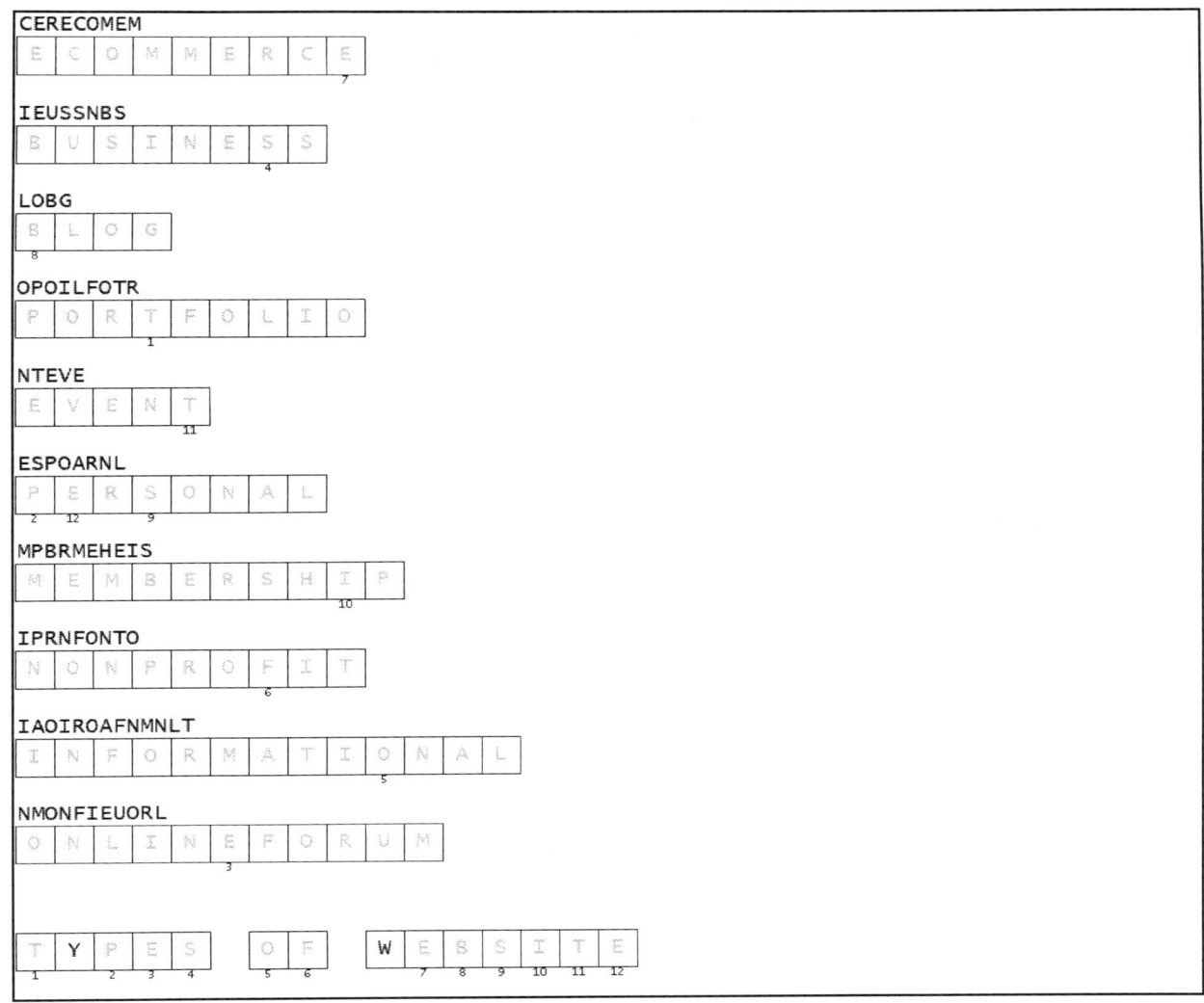

a) eCommerce
b) Business
c) Blog
d) Portfolio
e) Event
f) Personal
g) Membership
h) Nonprofit
i) Informational
j) OnlineForum

TYPE OF WEBSITE

The primary purpose of a website is to create an online presence.

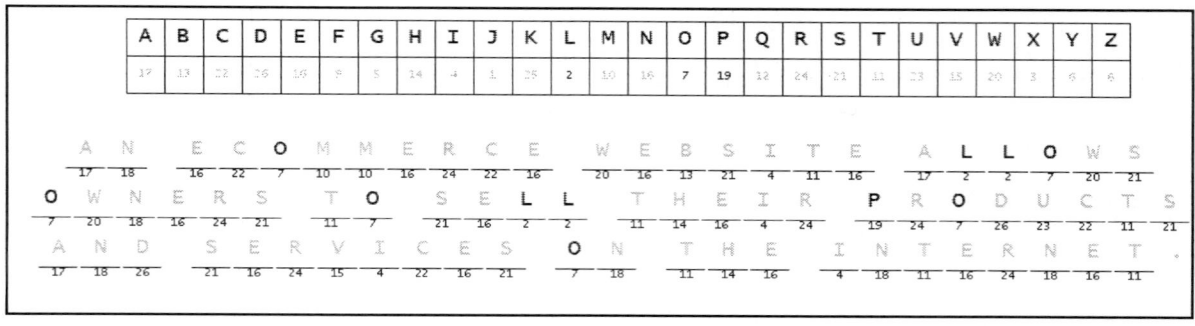

An eCommerce website allows owners to sell their products and services on the internet.

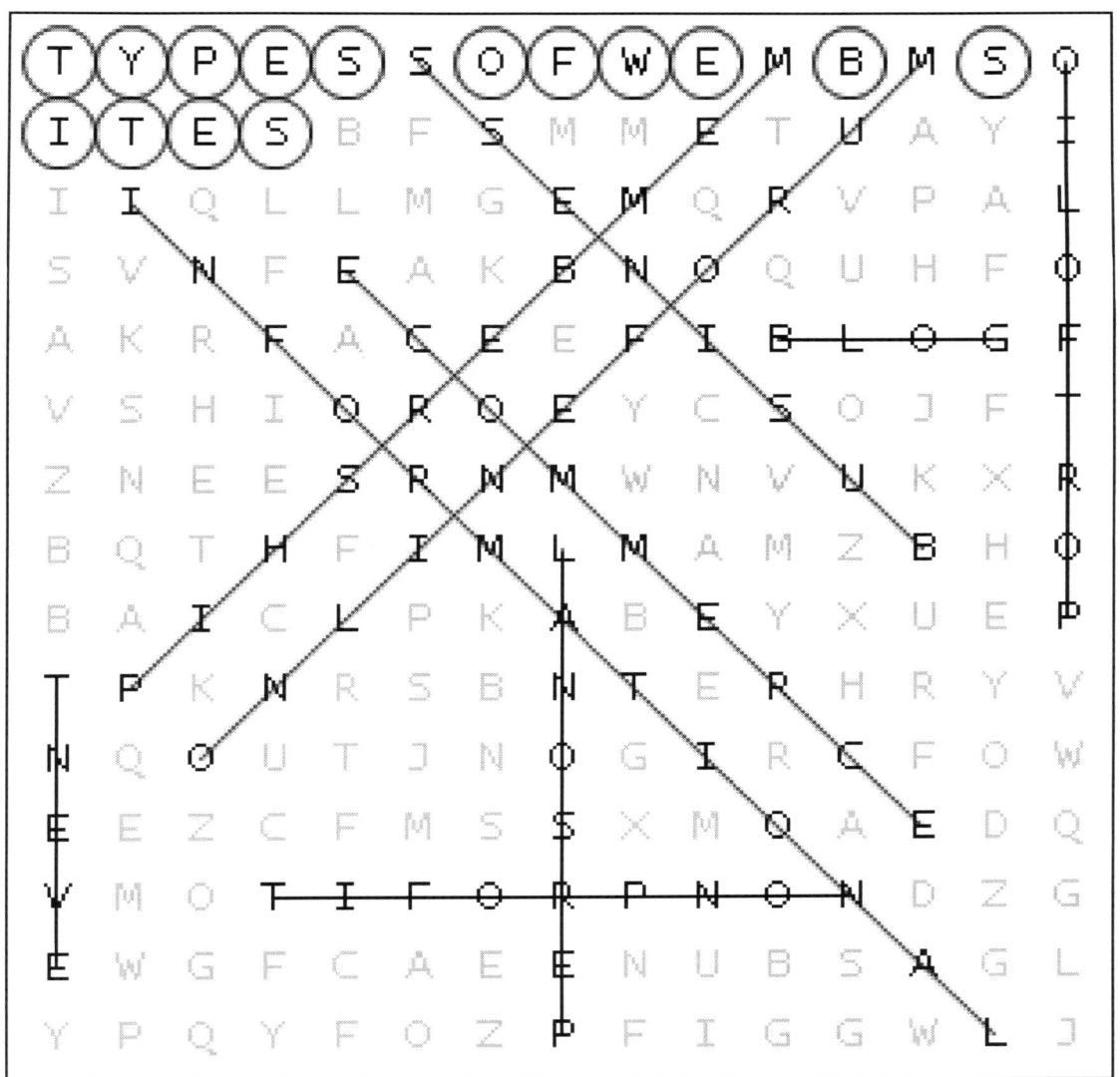

Blog	Business	eCommerce
Event	Informational	Membership
Nonprofit	OnlineForum	Personal
Portfolio		

TYPES OF WEBSITES

Social Media Platforms Answers

H	L	T	A	H	C	P	A	N	S	S	I	Q	E	F
P	C	S	N	Y	O	U	T	U	B	E	N	V	K	F
G	F	N	Y	E	T	D	E	Q	M	W	S	Y	R	S
Y	T	E	I	I	H	N	W	U	T	K	T	E	Y	A
S	U	T	D	D	T	N	X	Z	O	D	A	I	J	J
L	W	D	C	I	E	G	E	O	A	Q	G	E	M	E
D	E	H	K	E	L	K	B	E	Z	F	R	U	D	U
R	S	T	A	W	F	E	N	I	T	L	A	Y	Y	P
C	O	O	X	T	C	N	G	I	U	R	M	N	Y	G
K	X	U	I	A	S	O	I	L	L	E	R	H	V	F
R	Z	R	P	K	C	A	L	O	O	J	Z	O	H
C	D	W	K	H	S	I	R	E	J	B	O	D	Y
T	E	L	E	G	R	A	M	P	C	I	C	M	Z	K
X	B	S	Q	P	M	A	J	H	W	T	E	X	K
I	S	M	G	O	T	G	B	I	Y	T	S	W	V	W

Facebook	Instagram	LinkedIn
Reddit	Snapchat	Telegram
TikTok	Twitter	WhatsApp
YouTube		

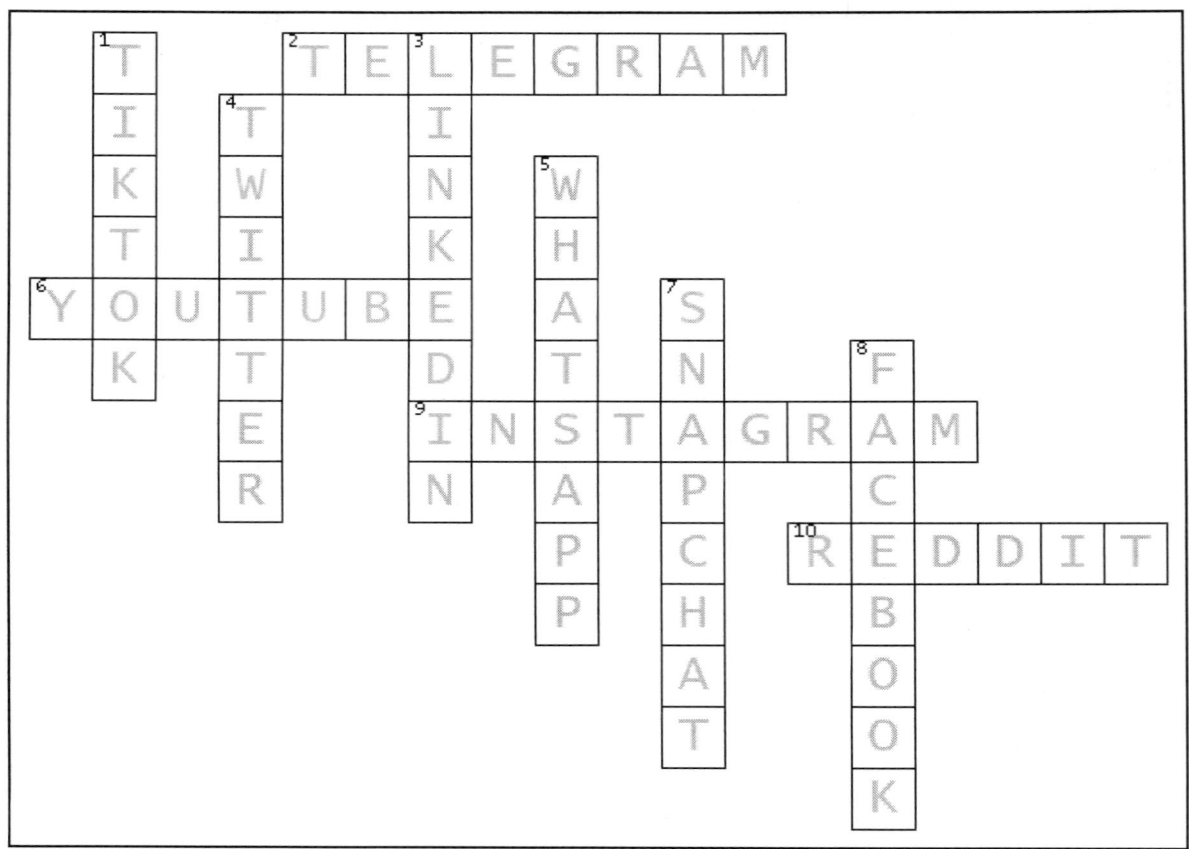

a) Facebook, an online social networking site developed by Mark Zuckerberg
b) WhatsApp, An instant messaging, and voice-over-IP app
c) LinkedIn, a networking site for professionals
d) YouTube, a video sharing platform.
e) TikTok, an app that allows 15-second video shot.
f) Instagram, an App for sharing photos and videos.
g) Twitter, an online news, and social networking for short messages.
h) Reddit, a social news aggregator platform.
i) Snapchat allows users to send photos and videos to other users.
j) Telegram, a cross-platform instant messaging app.

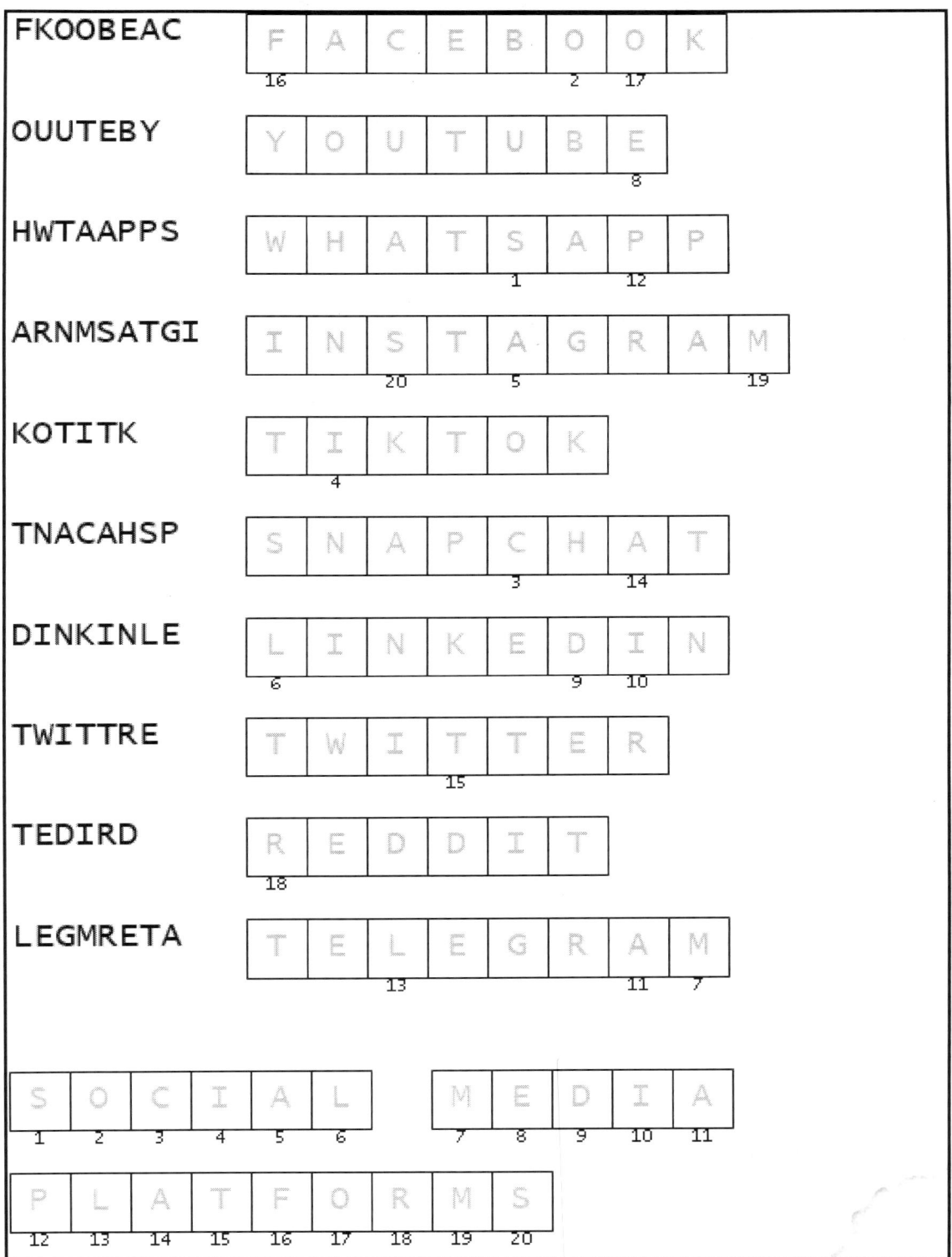

The social media platforms for kids are GromSocial, PopJam, PlayKids Talk, and gospotlite.

GromSocial, PopJam, PlayKids Talk, and gospotlite are for Kids

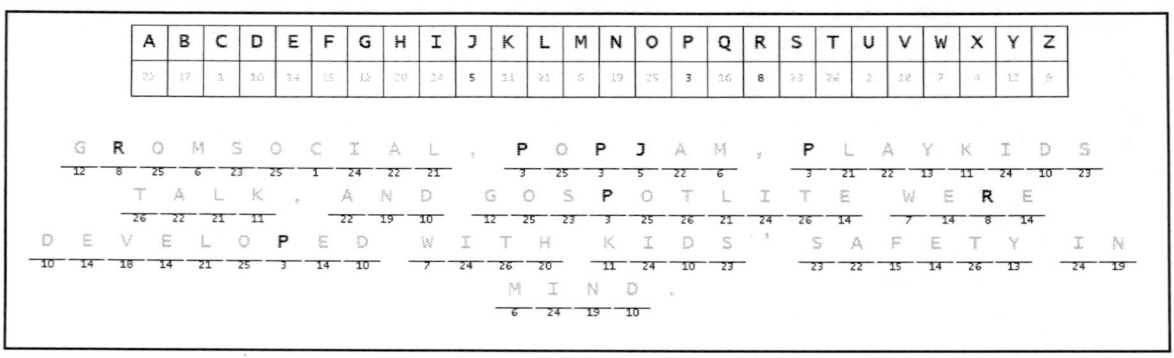

GromSocial, PopJam, PlayKids Talk, and gospotlite were developed with kids' safety in mind.

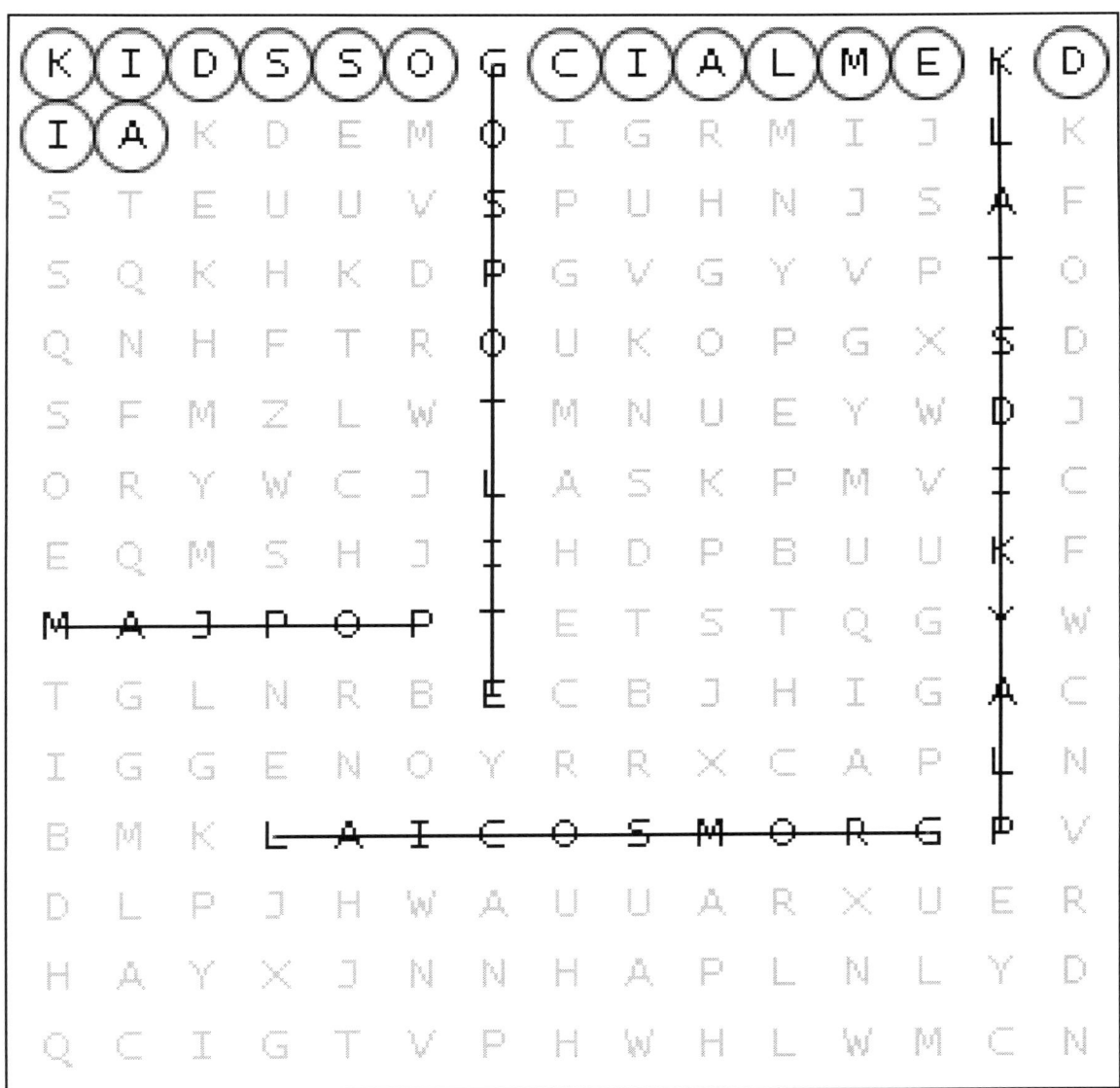

gospotlite	GromSocial	PlayKidsTalk
PopJam		

KIDS SOCIAL MEDIA

eLearning Planforms Answers

```
L A B P B S Q R C M L H D G L O E I X
G P L U R A S I G H T E J V K M X X T A
V H A S U H F Q K O F S A I L V G X K K
A O A O I K V E O U S H Z K T N D O Q S
P T X V N P C L T H K Z W W E K C I T F
H I T I Q G D U L S T W G P D D L D A X
N Y H Y G Z R U K R C C N M J K I X M W
T P M N W E P I E Y B W V W K J W B Y U
E Q W E L Z L Q A R E S R U O C D K M E
E Z T E D L V S G G F M N A Y M A B E D
K A B S U P Y N X B O S H C N C B D A C
Y R A H E O A B X Z L I K S D V I A C H
N I A S W O N N D D D A L X D E T B C N
H R E X C D G F G E G D K Y X T Y H E E
E P Q E F U L E B C I L U P G J Y Q D W
W S P B G Z W V Z B O I D M Z Y Y O F
E C X F H H M H O P S T Q S U S M Q C W
T K R Y K D Q O C K K B H K A A J P A M
V C T Y C S R B B E Y V S G A N Z E X X
B H C A T R G D Y G L H X O D P T K P H
```

- LinkedIn, offer learning through the professional platform
- Udacity, founded by Sebastian Thrun, David Stavens, and Mike Sokolsky
- Skillshare, an online plaftorm for creative people
- Coursera, founded in 2012 by Standford University professor.
- Udemy, it allows instructors to build online courses.
- Codecademy, offers free coding classes.
- Thinkfic, help people sells and deliver courses online.
- Plurasight, offers courses for IT professionals.
- Futurelearn, owned by The Open University and SEEK Ltd
- Edx, online learning platform created by Harvard and MIT.

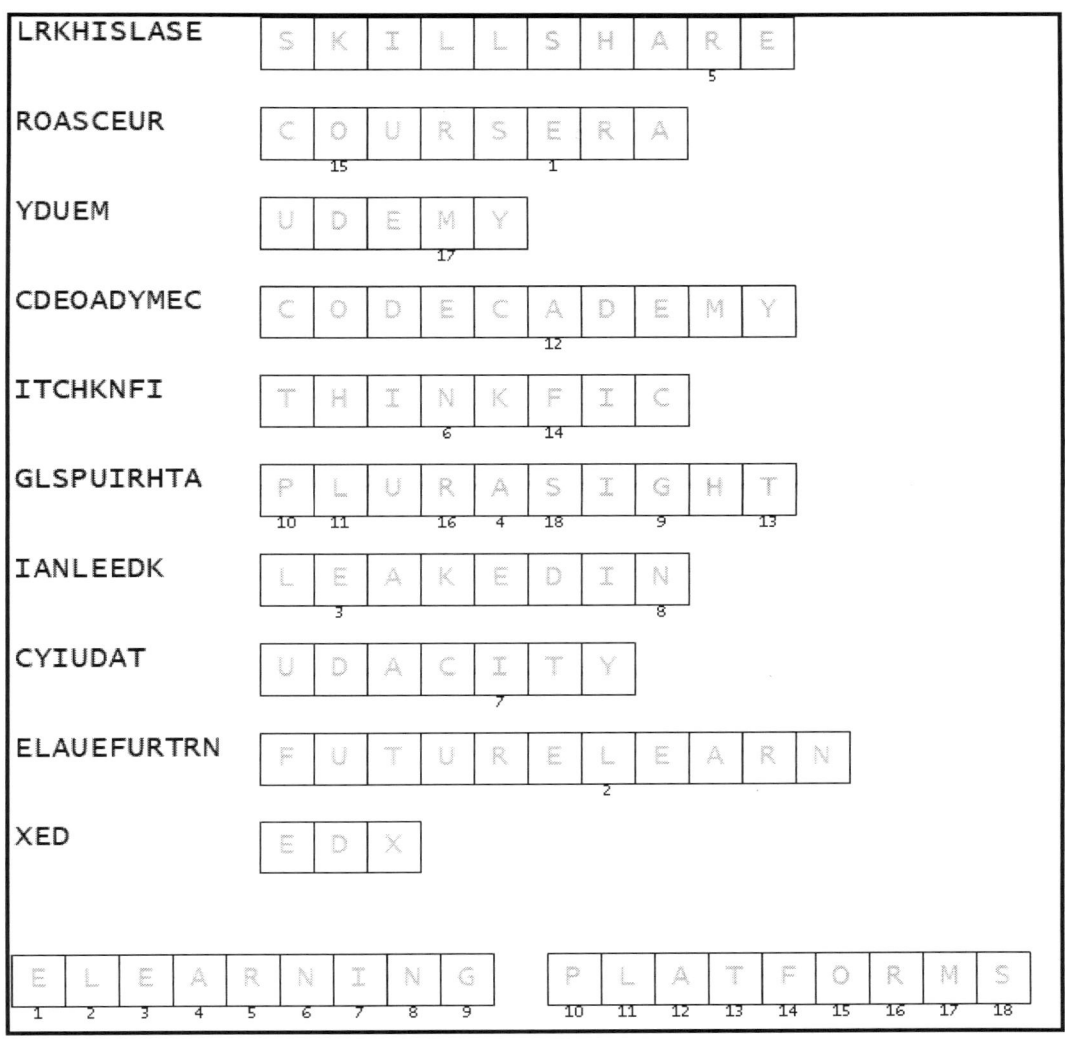

Skillshare
Coursera
Udemy
Codecademy
Thinkfic
Plurasight
LeakedIn
Udacity
Futurelearn
Edx

ELEARNING PLATFORMS

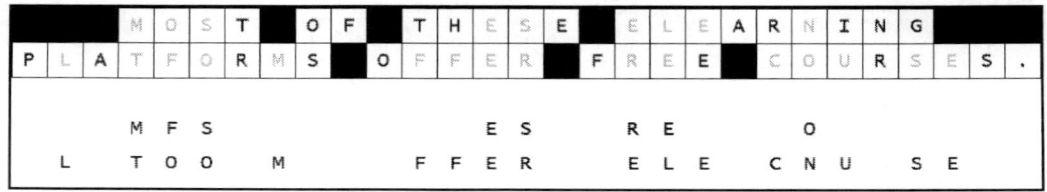

Most of these eLearning platforms offer free courses.

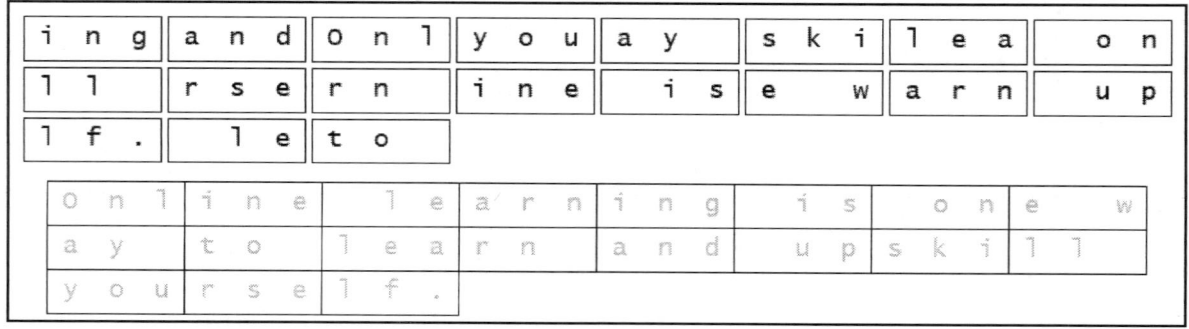

Online learning is one way to learn and upskill yourself.

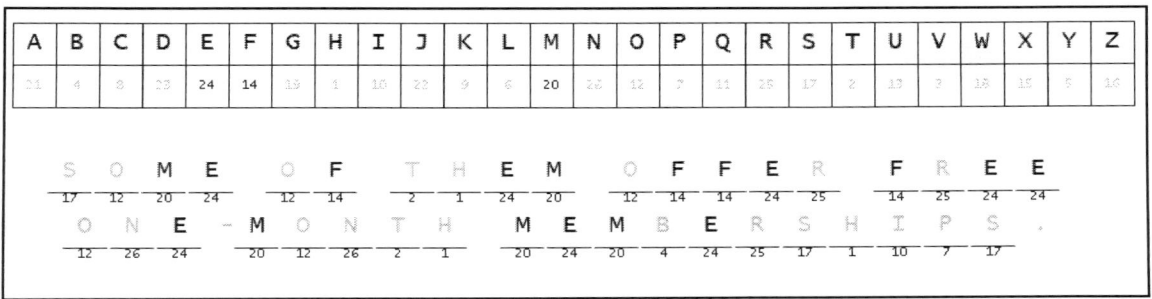

Some of them offer free one-month memberships.

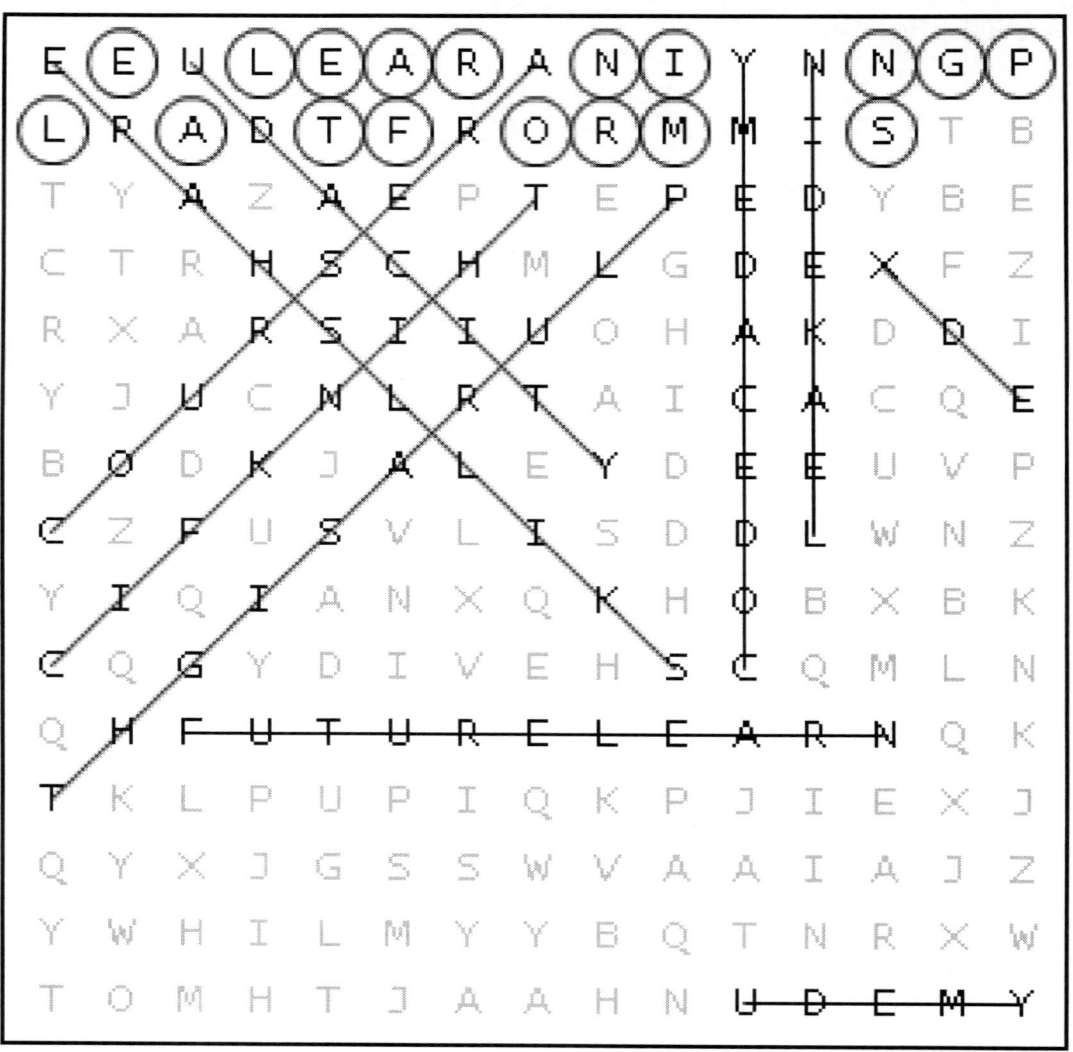

Codecademy	Coursera	Edx
Futurelearn	LeakedIn	Plurasight
Skillshare	Thinkfic	Udacity
Udemy		

Cybersecurity Answers

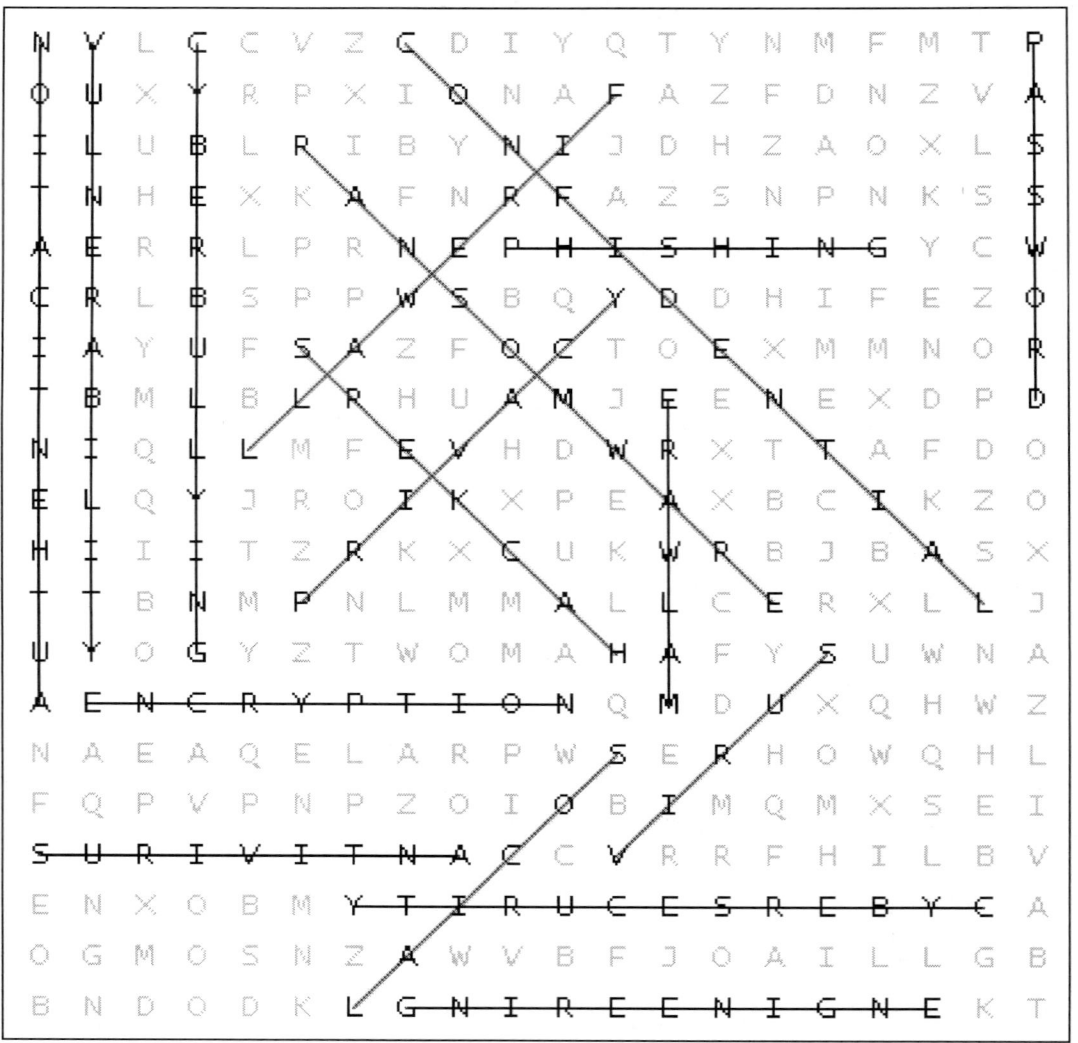

Antivirus	Authentication	Confidential
Cyberbullying	Cybersecurity	Encryption
engineering	Firewall	Hackers
Malware	Password	Phishing
Privacy	Ransomware	Social
Virus	Vulnerability	

Antivirus, a program developed to kill and remove computer viruses.
Authentication, a process of granting access to legitimate users
Confidential, keep my identity secret online
Cyberbullying, An online harassment
Cybersecurity, protection of data from unauthorized users.
Encryption, process of converting letters to code to make secret.
SocialEngineering, Online manipulation to give sensitive data.
Firewall, the superman that send away bad people on our network.
Hacker, the bad people that want to steal our data.
Malware, software design to steal our data.

Password, a secret information that no one should know
Phishing, a bad email sends to steal our data.
Privacy, right to keep our information to ourselves.
Ransomware, a bad software used by bad people to deny access until payment is made.
Virus, bad software that multiplies itself to steal our information.
Vulnerability, a mistake on a computer that allows bad people into our computers.

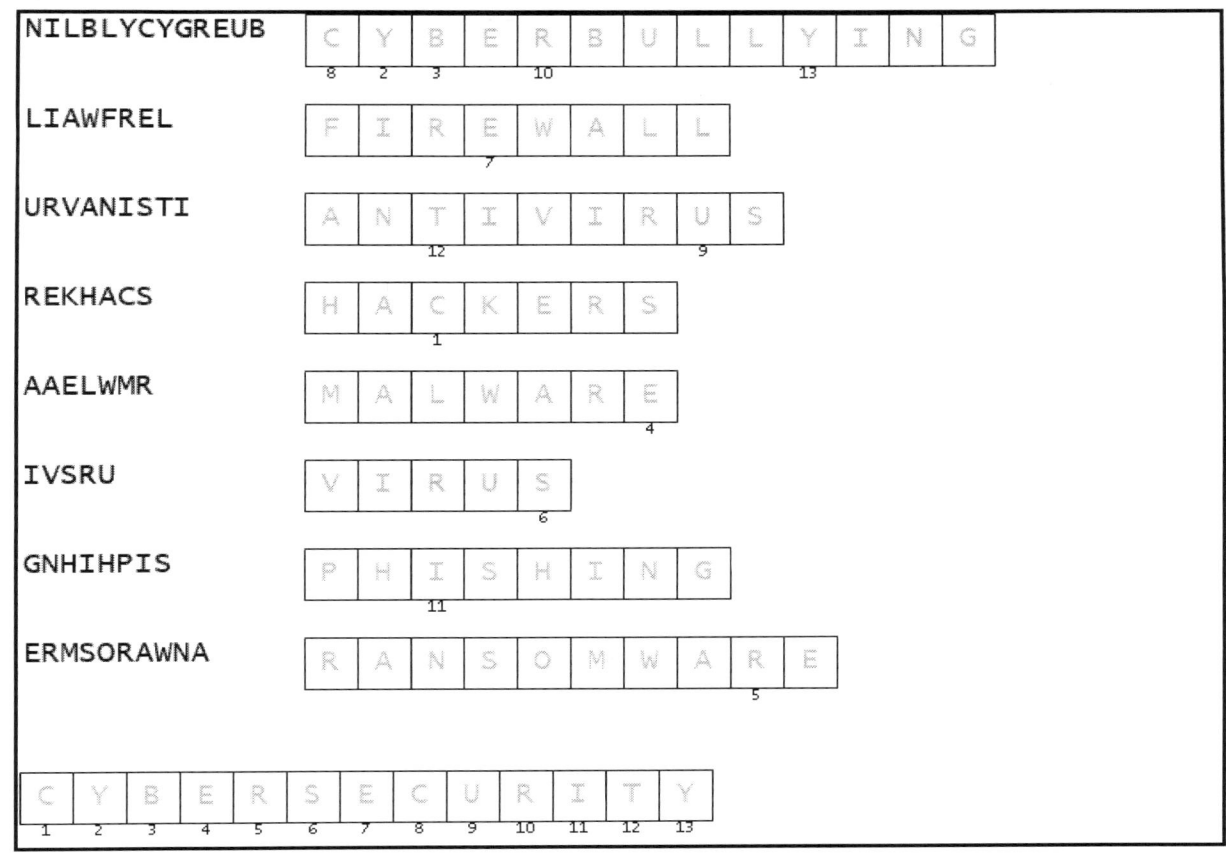

CYBERBULLYING
FIREWALL
ANTIVIRUS
HACKERS
MALWARE
VIRUS
PHISHING
RANSOMWARE

CYBERSECURITY

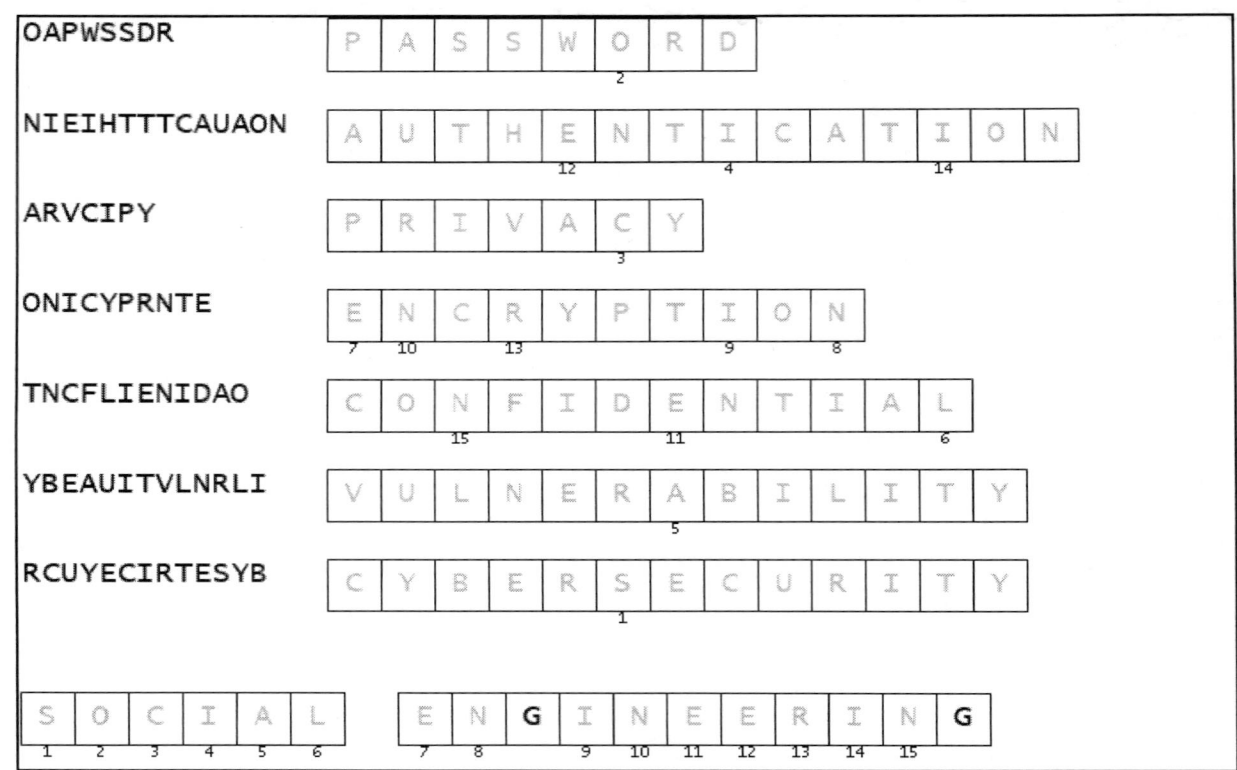

PASSWORD
AUTHENTICATION
PRIVACY
ENCRYPTION
CONFIDENTIAL
VULNERABILITY
CYBERSECURITY

SOCIAL ENGINEERING

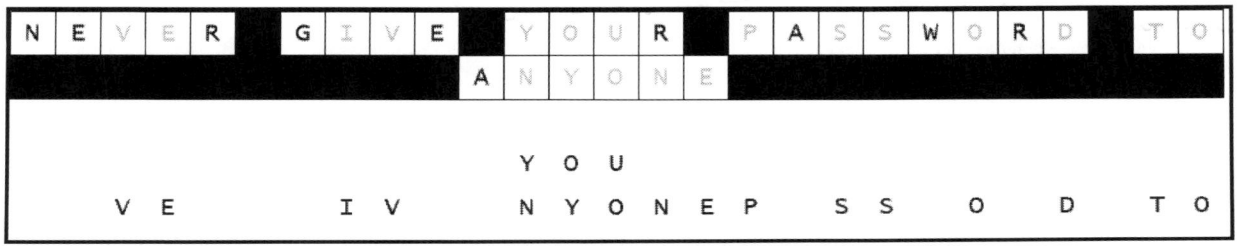

Never give your password to anyone

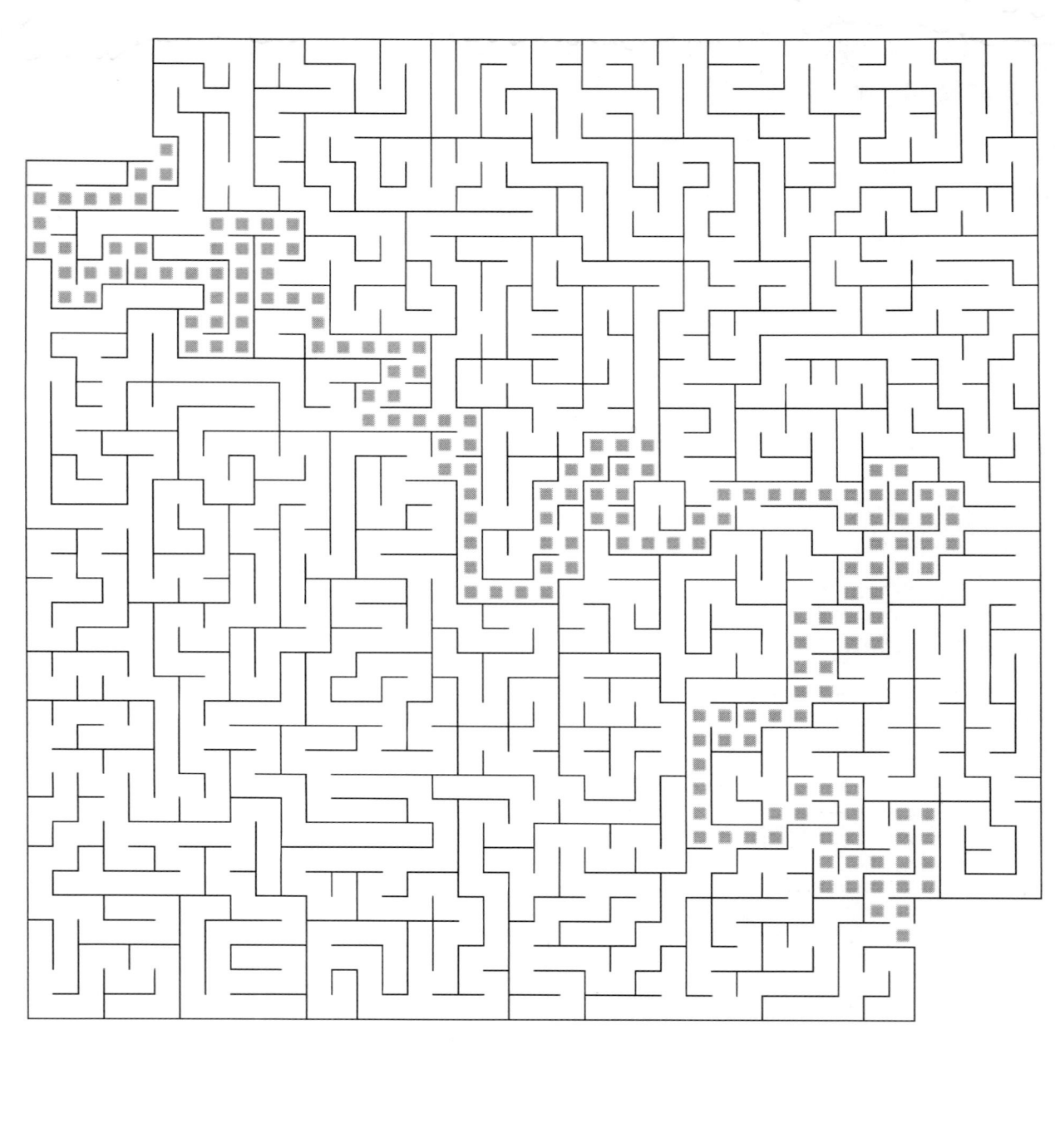

Tell a parent or trusted adult if you encounter a cyberbully.

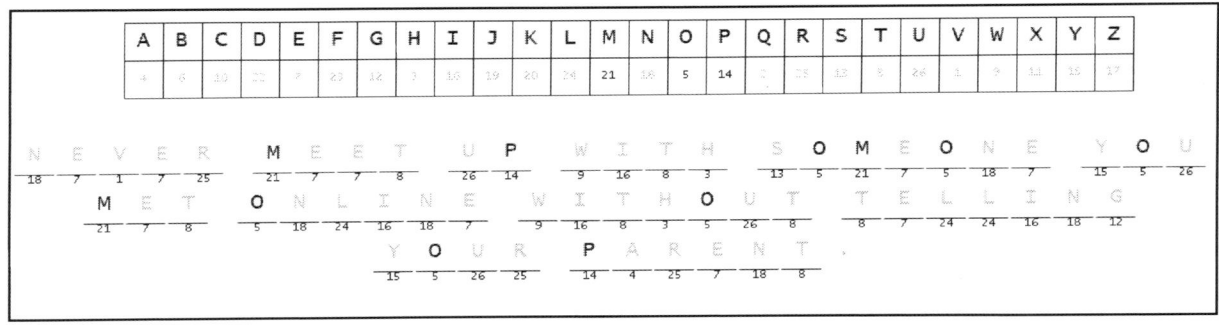

Never meet up with someone you met online without telling your parent.

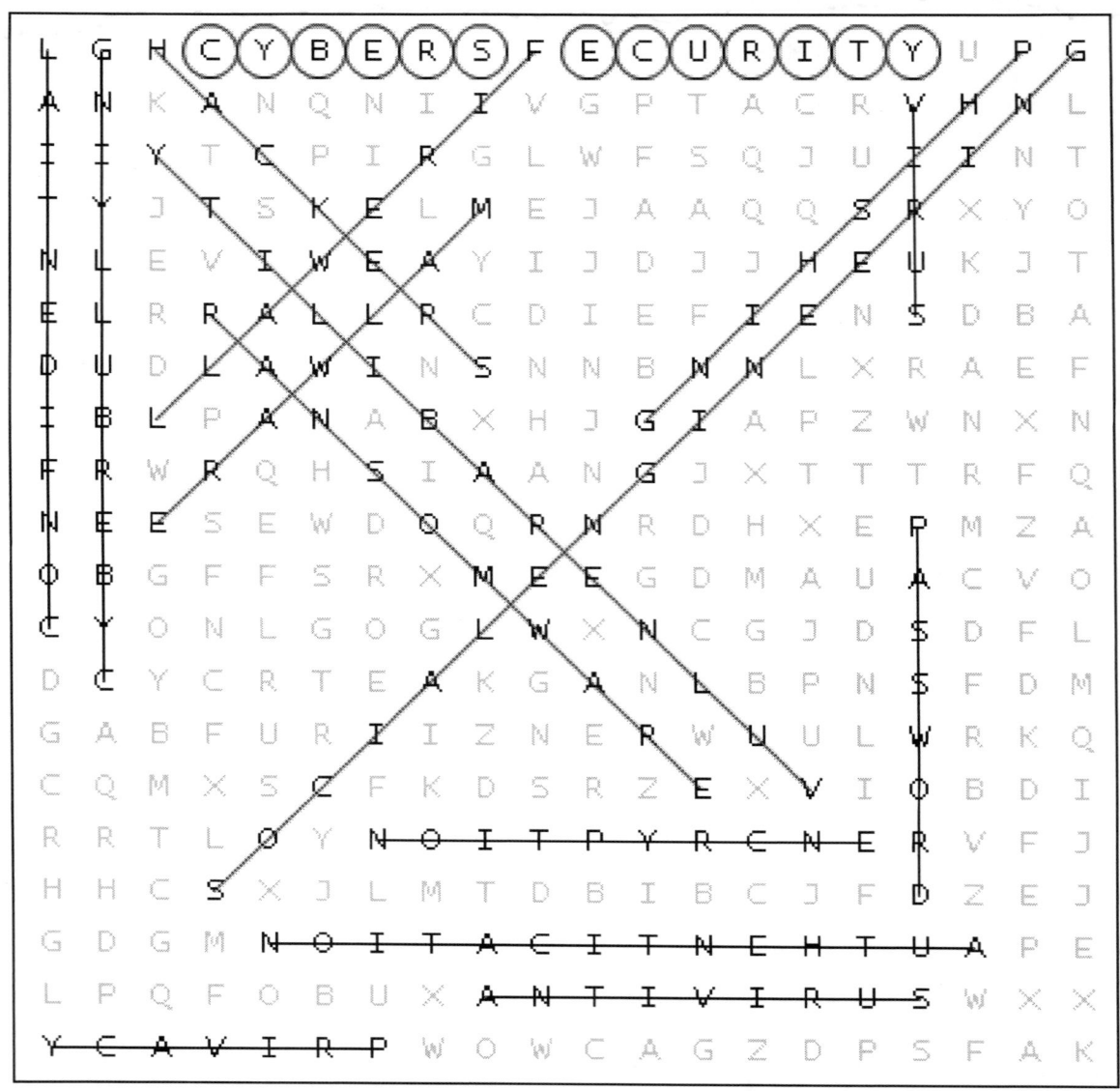

Antivirus	Authentication	Confidential
Cyberbullying	Encryption	Firewall
Hackers	Malware	Password
Phishing	Privacy	Ransomware
Socialengineering	Virus	Vulnerability

CYBERSECURITY